港口航道与海岸工程
专业课程实验教程

宁萌　刘伟　董胜　编著

中国海洋大学出版社
·青岛·

图书在版编目(CIP)数据

港口航道与海岸工程专业课程实验教程 / 宁萌,刘伟,董胜编著. — 青岛 : 中国海洋大学出版社,2021.6
ISBN 978-7-5670-2852-4

Ⅰ. ①港… Ⅱ. ①宁… ②刘… ③董… Ⅲ. ①港口工程 – 教材 ②航道工程 – 教材 ③海岸工程 – 教材 Ⅳ. ①U6 ②P753

中国版本图书馆 CIP 数据核字(2021)第 116198 号

出版发行	中国海洋大学出版社
社　　址	青岛市香港东路 23 号　　　　邮政编码　266071
出 版 人	杨立敏
网　　址	http://pub.ouc.edu.cn
电子信箱	coupljz@126.com
订购电话	0532 – 82032573(传真)
责任编辑	李建筑　　　　　　　　　　电　　话　0532 – 85902505
印　　制	青岛国彩印刷股份有限公司
版　　次	2021 年 6 月第 1 版
印　　次	2021 年 6 月第 1 次印刷
成品尺寸	170 mm×240 mm
印　　张	11.75
字　　数	209 千
印　　数	1~1000
定　　价	36.00 元

发现印装质量问题,请致电 0532 – 58700168,由印刷厂负责调换。

前言 Foreword ──────────────────────────────⊙

　　随着港口航道与海岸工程的快速发展,越来越多的工程技术问题亟待人们去认识、研究和解决。理论分析、数值模拟和模型实验是探求知识的三种有效手段。由于港航工程的复杂性,有许多现象及其内在机理,人们至今缺乏充分的认知,模型实验仍是工程技术人员不可或缺的重要方式。

　　根据模型缩放比尺的大小,模型实验可以分为原型观测实验和实验室模型实验。前者的比尺为1:1,其特点是避免了尺度效应造成的精度问题,但实施成本巨大,且观测时环境影响因素复杂,很难把感兴趣的因素分离出来,因此,实际工程中,更多地采用在实验室进行的缩尺实物模型开展实验工作。

　　港口航道与海岸工程专业在中国海洋大学设立以来,港航专业实验一直是专业课程的必修教学内容,"相似理论与实验技术"也是港口、海岸及近海工程研究生的必修课程。本教材是在多年实验工作的基础上集成的。全书从物理模型实验的基本原理和实施方法入手,增强学生的工程实践意识,注重理论、实验与数值的结合,培养学生对工程问题的分析、动手和计算能力。

　　本书介绍港口航道与海岸工程专业基本流体模型实验的基本原理和方法。全书共分6章,主要包括物理模型实验理论基础、实验的基础设备、常用的实验仪器、基础教学实验、港航专业综合实验、实验数据处理等内容。

　　本书第1、2章由宁萌和董胜执笔,第3章由宁萌和刘伟执笔,第4章由刘伟和宁萌执笔,第5章由宁萌执笔,第6章和附录由董胜和宁萌执笔。全书由董胜统稿、定稿。

　　在本书的出版过程中,作者得到中国海洋大学工程学院同事们的鼓励与支持;博士研究生廖振焜、硕士研究生庞军恒完成了部分初稿的文字录入、部分编程与绘图工作,在此表示衷心的感谢。在成书过程中,作者参阅了其他学者的论著,已列入书后的"参考文献",在此对这些作者一并表示感谢。还要感谢国家自然科学基金委员会-山东省人民政府联合基金项目(U1706226)、山东省本科高校教学改革研究项目(2015Z022)和山东省省级联合培养基地建设项目(SDYJ16002)对本书出版的资助。

　　本书可作为港航、海岸、海洋、水利、环境、土木等专业高年级本科生的教材,亦可作为相关专业研究生、科研人员及工程技术人员的参考书。

　　随着港口航道与海岸工程实验技术的迅速发展,新的方法与仪器设备不断涌现,由于作者从事该领域研究的时间短,水平有限,书中难免存在不足甚至错误之处,敬请读者批评指正。

作 者

2021 年 3 月

目 录 Contents ⏤⏤⏤⏤⏤⏤⏤⏤⏤⏤⏤◉

第 1 章
物理模型实验理论基础

1.1 物理模型实验

波浪运动是一种非常复杂的自然现象。波浪与海洋建筑物的相互作用,至今仍是科学与工程界的重要研究课题。设计海岸与海洋工程时,理论分析、原型观测及模型实验是研究波浪力的三种主要方法。实际运用时,各有一定的局限性。

理论分析,是根据成熟的理论和计算方法等对相关问题进行分析和计算,从而解决工程中的问题。优点是结果准确、可靠;但也有明显的短板,就是许多工程问题至今没有成熟的理论和计算方法,因此理论分析方法的应用受到不少限制。

原型观测,是对现场自然条件、对已建成或在建工程原型进行现场观测,借此更好地认识自然和检验设计计算理论、方法和成果的可靠性。优点是原型观测避免了实验室研究中因尺度效应而影响精度等问题,因而可以获取较可靠的观测数据;缺点是消耗巨大,同时还存在着观测上的种种困难,且原型观测中各种因素掺合在一起,十分复杂,不容易把人们感兴趣的因素分离出来。

模型实验,指按一定的相似定律,以某种合适的比例由实物(或称原型)缩制成模型进行实验研究。缺点就是无法避免尺度效应而影响精度,无法真实还原原型的所有影响因素和现象,但模型实验的优点还是很多的,主要体现在以下几个方面:

(1)在设计模型时,可把原型的特性抽象化,只保持所研究的现象中主要的特性相似。

(2)在某些情况下,可只按必不可少的相似条件设计,在几何形态上做变态处理。

（3）在缩小了尺寸的模型上进行实验研究，可做得比较简单和理想化，既方便易行，又达到实验研究的基本要求，实验研究的困难和工作量大为减轻。

（4）修改设计方便，避免工程实施后才发现设计的问题，减少错误成本，节约资金。

（5）容易模拟极端情况，预演不常见的自然现象以观察工程可靠度。

模型实验又分为数值模型实验和物理模型实验。数值模型研究自然现象一般不必考虑模型缩尺效应的影响，也就不必要有太大的实验场地和精密的量测设备，甚至仅需要少量的计算设备和分析人员，从而大大节省研究的成本，但其需要大量的观测或实验数据验证模型的有效性，且确定各种模型的系数有时存在求解的困难，同时受限于计算速度、存储能力的硬件要求。而物理模型实验可以根据工程实际模拟海洋建筑物不同的边界条件，准确反映波浪与建筑物的作用规律，从而预演建筑物在不同重现期波浪作用时的受力特点和稳定状态，因此较之数学模型更能直观、全面地反映工程实际情况，但也受限于相似准则选取、实验场地尺寸、模拟设备及量测仪器精度等因素。两种模型实验的局限性比较见表 1.1.1。

表 1.1.1　物理模型实验和数值模型实验局限性的比较

	物理模型实验	数值模型实验
主要局限性	模型尺寸(实验室面积)	不完整的方程组
	模型相似准则的选取	基本假设
	实验设备和量测仪器	计算速度、存储能力
实用上的限制	最小的模型比尺(表面张力、黏滞力、摩阻力)	方程中假设关系的精度
	边界选择和初始条件的已知程度	系数的已知程度
	量测方法和数据采集	数值方法的稳定性和解的收敛性
	—	边界和初始条件的已知程度

本书主要介绍物理模型实验，也有人称之为实体模型实验，就是依照水力工程中原体实物，应用特定的相似准则，缩制成模型，根据其所受到的作用力，在模型中复演与原体相似的天然状况，进行模型实验，通过观测或量测，获取数据，然后再按照相似准则将结果换算到原体，用以指导工程实践。在这一系列实验过程中首先要求模型和原型相比是相似的，其次是要对实验数据做出合理的分析，从而得到真正能反映原体实际情况的数据。简言之，就是在实验室中用尺寸比原型要小的模型来重现自然现象。

在科学研究中采用物理模型方法可以达到三个目的：

（1）对一些尚未理解的物理现象做出定性的探究；

（2）对某些理论及其结果进行证实；

（3）对于非常复杂的尚不能用理论方法来解决的现象，得到正在进行观测的数据。

无论从物理模型和数值模型发展的历史，还是从近阶段的研究现状与其研究发展的趋势看，这两种模型都是互相补充和共同发展的。两者有许多共同之处，哪一种模型都要进行初步设计、实施、实验、成果分析。这就是首先提出要解决的问题，确定模型中需要模拟的各物理因素之间的关系，根据这些要求物理模型要确定相似准则，数值模型则要建立数学方程；然后利用给定的边界条件建立模型，根据自然或要求的条件进行模型的率定。总之，物理模型设计与确定同数值模型及其求解方案一样都要花费研究者的大量精力，两种方法都必须对物理现象进行简化与近似，使其既基本符合原型的实际情况，又方便可行。表 1.1.2 将两种模型实现的步骤进行比较，从表中可以看出，虽然这是截然不同的两种研究方法，但在实现步骤上还是大同小异的。

表 1.1.2　物理模型与数值模型实现的步骤比较

步骤	物理模型	数值模型
1	提出问题，确定各个主要作用因素	
2	确定相似要求	建立方程
3	给出边界条件	
4	模型制造	制订数值求解方案
5	模型率定	
6	量测→解答问题	计算→解答问题
7	方案优选	
8	将模型成果转换成原型以及用原型观测资料检验	

综上所述，可以认为，数值模型实验多适合于模拟大范围的水动力问题，而物理模型实验更适用于研究局部水动力状态。目前人们已经认识到物理模型和数值模型互补，可以相互结合的模型。一种将这两种方法结合起来做实际工作的研究称为复合模型的方法正被应用。还应该指出的是，由于物理模型的实验条件与自然情况相比，更易于用数学的方式描述，或者其相关的边界条件和参数更易于较准确地获得，其结果还可以作为数值模型可靠性验证的依据之一。

对于物理模型实验,按照常用的分类原则对其有如下分类:

1. 按照模拟原型的完整性分类

(1) 整体模型。整体模型是指为模拟研究对象整体而建立的模型,模型范围一般包括研究对象及其上下游和左右边界的一定范围。

(2) 半整体模型。如一些水工建筑物两边对称,水流情况也对称,可以研究一半来代替整体,这时可采用半整体模型。

(3) 局部模型。局部模型是指为模拟研究对象的某个局部而建立的模型。

(4) 概化模型。当主要研究某些水工及河工的水流泥沙运动特性,或仅为数学模型提供相关参数时,可将研究对象进行概化,然后进行研究,称为概化模型。

(5) 断面模型。当研究的问题能够简化为二维时,可以建立以厚型断面为研究对象的模型,即断面模型。断面模型一般在水槽中进行实验。

2. 按照模型结构组成分类

(1) 定床模型。定床模型是指模型地形在水流等动力条件作用下不发生变形的模型。

(2) 动床模型。动床模型是指模型床面铺有适当厚度的模型沙,其地形在波浪、潮流、水流等动力条件作用下发生冲淤变化的模型。如研究河床演变、水工建筑物下游局部冲刷等,需按照相似条件将模型床面做成活动河床进行研究。

3. 按照模型比尺关系分类

(1) 正态模型。正态模型是指将原型的长、宽、高三方向尺度按照同一比例缩制的模型。水工模型一般要求采用正态模型。

(2) 变态模型。有时因受某些条件的限制,如粗糙度、水流流态、场地条件等限制,采用垂直几何比尺与平面几何比尺不同来缩制模型,即变态模型。水工模型一般不能采用变态模型,而河工模型一般可采用变态模型。

1.2 相似概念

关于相似的理论,Newton(1686)在其著作中已有阐述。Bertrand(1848)首先确定了相似现象的基本性质,并提出了模型比尺分析方法。1870 年,Froude 进行了船舶模型实验,提出了 Froude 数,奠定了重力相似理论的基础。1885 年,Reynold 应用 Froude 数进行了 Mersey 河模型实验,研究了河口的水流现象。随后,Veron-Harcourt(1886)进行了莱茵河口模型实验。1898 年 Engels 在德国首创河工实验室,从事河流的模型实验。之后,Freeman 创建了美国标准局水工实验室,从事水工建筑物的模型实验。此后,欧美各国物理模型实验室逐渐建立起来。

在物理模型的机理研究方面,Prandtl、Taylor 和 Karman 等学者在紊流和边界层的研究方面取得很大进展,Eisner、巴普洛夫斯基、尼古拉兹等在相似理论与实验技术方面都作出了重要贡献。

本书介绍的港口与海岸工程物理模型实验的概念、理论、方法等均是以此为基础发展起来的。简言之,相似原理是模型实验的理论基础,相似方法是运用这个理论确定相似准则的工具,相似准则是利用这个工具确定模型与原型相似的具体规则,相似准数是相似准则的表达形式或判别依据。这些概念都含有一个共同的因素就是"相似"。

什么是相似呢? 通常所说的"相似"可能有三种类型,第一种是同类相似(Similitude);第二种是异类相似(Analogy);第三种是变态相似(Affinity)。这三种类型的相似在水力模型研究中都有应用。

同类相似是严格意义上的相似。同类就是两种现象具有同一物理性质,如一种机械运动与另一种机械运动;一种热传导过程与另一种热传导过程。

异类相似也称"拟似"。通过对一种现象的研究,了解与其变化的数学规律相同而物理性质不同的另一种现象,这种模拟称为两种现象的"拟似",是广义的相似。拟似的方法在水力研究中应用的典型例子就是早期实验室用电流方法研究渗流问题。在水波动力学研究方面也有类似的应用。

变态相似也称差似,就是对一物理现象中出现的同类问题不采用相同的尺度进行放大或缩小,如数学中将椭圆变换成圆,水工模型中对宽浅型河道模型在水平和垂直方向采用不同的几何比尺等。

物理模型实验中常常遇到的是同类相似,即两个物理现象的相应点上所有表征运动状况的相应物理量都维持各自的固定比例关系,则这两个物理现象就是相似的。表征物理现象的量具有各种不同的性质,而表征波动现象的量主要有三种:表征几何形状的,表征运动状态的以及表征动力的物理量。因此,两个波动现象的相似,可以用几何相似、运动相似和动力相似来描述。

1.2.1　几何相似

几何相似的概念起源于初等几何学,如$\triangle ABC$ 和$\triangle A'B'C'$(图 1.2.1),如果它们的对应边成同一比例,即

$$\frac{AB}{AB} = \frac{BC}{BC} = \frac{AC}{AC} = \lambda_l \qquad (1.2.1)$$

则这两个三角形相似。λ_l 称为长度相似常数或长度比尺,又常称为几何相似

比尺。

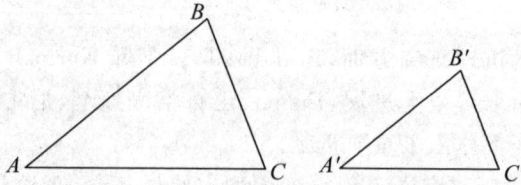
图 1.2.1　相似三角形

对于物理模型实验来说,几何相似是指原型和模型两个系统几何形状相似。要求两系统中所有相应尺度都维持一定的比例关系,即

$$\lambda_l = l_p / l_m \tag{1.2.2}$$

式中,l_p 代表原型某一部位的长度,l_m 代表模型相应部位的长度,λ_l 为长度比尺。

在两个空间体系 (x, y, z),(x', y', z') 中,三个方向上的长度分量的比值分别为

$$\frac{x_1 x_2}{x'_1 x'_2} = \lambda_x, \frac{y_1 y_2}{y'_1 y'_2} = \lambda_y, \frac{z_1 z_2}{z'_1 z'_2} = \lambda_z \tag{1.2.3}$$

若 $\lambda_x = \lambda_y = \lambda_z = \lambda_l$,则两体系严格几何相似,或称"正态相似"。

若 $\lambda_x = \lambda_y \neq \lambda_z$,则两空间体系就不是正态相似,而是"差似"或"变态相似"。

两个不同方向的几何比尺之比,称为变态率,简称"变率",即

$$\frac{\lambda_x}{\lambda_z} = \eta \tag{1.2.4}$$

显然,变率越大,几何相似性越差,一般变率不宜太大。从理论上讲,几何比尺越小(即模型大),模型的相似性越好。但事实上,由于实验条件等限制,几何比尺往往不能太小。有限的实验场地内,因比尺太大,导致模型水深太浅、波高太小等缺陷,从而可能改变模型的流态和波态等性质,此时可采用平面方向与垂直方向比尺不同的方法,即运用"差似"或"变态相似",这种模型称为"变态模型"。

在正态体系中不难证明,几何相似的结果必然使任何两个相应的面积 A 和体积 V 也都维持一定的比例关系。

面积比尺为

$$\lambda_A = \frac{\triangle ABC}{\triangle A'B'C'} = \frac{\frac{1}{2}(AB) \times h}{\frac{1}{2}(A'B') \times h'} = \lambda_l^2 \tag{1.2.5}$$

即

$$\lambda_A = A_p / A_m = \lambda_l^2 \tag{1.2.6}$$

体积比尺为

$$\lambda_V = V_p / V_m = \lambda_l^3 \qquad (1.2.7)$$

可以看出,几何相似是通过长度比尺 λ_l 来表达,只要相应长度都维持一定的比例关系 λ_l,就保证两系统的几何相似。

在同一多边形中,不同的两条边的长度相比有一比值,这个比值在每个相似多边形中应该都相等,即

$$\frac{AB}{BC} = l_1 \qquad \frac{BC}{AC} = l_2 \qquad \frac{AC}{AB} = l_3 \qquad (1.2.8)$$

则有

$$\begin{cases} \dfrac{A'B'}{B'C'} = \dfrac{A''B''}{B''C''} = \cdots = l_1 \\[2mm] \dfrac{B'C'}{A'C'} = \dfrac{B''C''}{A''C''} = \cdots = l_2 \\[2mm] \dfrac{A'C'}{A'B'} = \dfrac{A''C''}{A''B''} = \cdots = l_3 \end{cases} \qquad (1.2.9)$$

这里的 l_1、l_2、l_3 称为相似准数。相似常数是两个不同体系间相同物理量的比尺,相似准数是同一体系中一些物理尺度的比尺,这两个概念不能混淆。

1.2.2　运动相似

运动相似是指质点的运动情况相似,即相应质点在相应瞬间做相应的位移,所以运动状态的相似要求原型和模型相应质点的速度和加速度相似(图 1.2.2)。

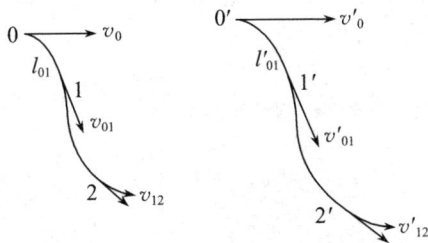

图 1.2.2　质点运动相似

在数学上,运动相似可表示为

$$\begin{cases} l = \lambda_l l' \\ t = \lambda_t t' \\ v = \lambda_v v' \\ a = \lambda_a a' \end{cases} \qquad (1.2.10)$$

式中,λ_l、λ_t、λ_v、λ_a 分别为长度、时间、速度和加速度比尺。

图 1.2.2 中,各比尺可表示为

$$\begin{cases} \dfrac{l_{01}}{l'_{01}} = \dfrac{l_{12}}{l'_{12}} = \lambda_l \\[2mm] \dfrac{t_{01}}{t'_{01}} = \dfrac{t_{12}}{t'_{12}} = \lambda_t \\[2mm] \dfrac{v_{01}}{v'_{01}} = \dfrac{v_{12}}{v'_{12}} = \lambda_v \\[2mm] \dfrac{a_{01}}{a'_{01}} = \dfrac{a_{12}}{v'_{12}} = \lambda_a \end{cases} \tag{1.2.11}$$

运动相似可以认为是由几何相似和时间相似组成的,在相应空间和时间内,质点运动的速度和加速度方向一致,大小成同一比例。如以 v、a 分别代表质点速度和加速度,取 λ_t 为时间比尺,则运动相似要求

$$\lambda_v = v_p / v_m = \lambda_l / \lambda_t \tag{1.2.12}$$

$$\lambda_a = a_p / a_m = \lambda_l / \lambda_t^2 \tag{1.2.13}$$

在原型和模型的各相应点上维持不变。

由图 1.2.2 还可以得出同一运动体系中的比例关系,如

$$v_{01} = \frac{l_{01}}{t_{01}} \tag{1.2.14}$$

$$v'_{01} = \frac{l'_{01}}{t'_{01}} \tag{1.2.15}$$

由于 $l_{01} = \lambda_l l'_{01}$、$t_{01} = \lambda_t t'_{01}$、$v_{01} = \lambda_v v'_{01}$,代入式(1.2.14)得 $\lambda_v v'_{01} = \dfrac{\lambda_l l'_{01}}{\lambda_t t'_{01}}$、$\dfrac{\lambda_v \lambda_t}{\lambda_l} v'_{01} = \dfrac{l'_{01}}{t'_{01}}$,与式(1.2.15)比较,要使等式成立,只有

$$\left. \begin{array}{c} \dfrac{\lambda_v \lambda_t}{\lambda_l} = 1 \\[2mm] \text{或} \\[2mm] \lambda_v = \dfrac{\lambda_t}{\lambda_l} \end{array} \right\} \tag{1.2.16}$$

可见若两体系运动相似,则各物理量的比例常数必须保持某一关系,不能都任意指定。比值 $\dfrac{\lambda_v \lambda_t}{\lambda_l}$ 称为两相似体系的"相似指标"。

上式还可以进一步改写为

$$\left(\frac{vt}{l} \right)_p = \left(\frac{vt}{l} \right)_m = \text{idem} = K \tag{1.2.17}$$

式中,$\left(\dfrac{vt}{l} \right)_p$、$\left(\dfrac{vt}{l} \right)_m$ 都是无因次数,称为"相似准数"或"相似判据"。

相似指标等于 1 或原型与模型的相似准数保持为同量并始终等于某一常数 K，是两体系运动相似的必要条件。

1.2.3　动力相似

动力相似是指作用于两系统相应点的各种作用力均维持一定的比例关系，对应点上所有作用力方向相互平行。如以 F_p 代表原型中某点的作用力，以 F_m 代表模型中相应点的同样性质的作用力，则动力相似要求其维持固定的比例：

$$\lambda_F = F_p / F_m \tag{1.2.18}$$

在港航工程中，可能遇到的作用力有惯性力 F_l、重力 F_g、黏滞力 F_μ、表面张力 F_{st}、弹性力 F_e 等。在动力相似体系中，所有这些对应力的方向应相互平行，大小成同一比例，即 $\lambda_{F_l} = \lambda_{F_g} = \lambda_{F_\mu} = \lambda_{F_{st}} = \lambda_{F_e} = \lambda_F$。

因为两个系统受力必须符合经典力学范围内最一般的定理——牛顿定律，所以牛顿第二定律也是动力相似的依据，动力相似也称为牛顿普遍相似定律。由此可推导出动力相似的相似指标，而这些由相似指标限定的模型与原型的物理现象保持相似所必须遵守的规则称为相似准则（相似律）。

$$\boldsymbol{F} = M\boldsymbol{a} = M\frac{\mathrm{d}\boldsymbol{V}}{\mathrm{d}t} \tag{1.2.19}$$

对于原型，有

$$\boldsymbol{F}_p = M_p \boldsymbol{a} = M_p \frac{\mathrm{d}\boldsymbol{V}_p}{\mathrm{d}t_p} \tag{1.2.20}$$

对于模型，有

$$\boldsymbol{F}_m = M_m \boldsymbol{a} = M_m \frac{\mathrm{d}\boldsymbol{V}_m}{\mathrm{d}t_p} \tag{1.2.21}$$

令同名物理量之间的相似比尺分别为 $\lambda_F = \dfrac{F_p}{F_m}$、$\lambda_m = \dfrac{M_p}{M_m}$、$\lambda_v = \dfrac{V_p}{V_m}$、$\lambda_t = \dfrac{t_p}{t_m}$，代入式（1.2.20），得

$$\lambda_F F_m = \lambda_m M_m \frac{\lambda_v \mathrm{d}V_m}{\lambda_t \mathrm{d}t_m} \tag{1.2.22}$$

移项得

$$\frac{\lambda_F \lambda_t}{\lambda_m \lambda_v} F_m = M_m \frac{\mathrm{d}V_m}{\mathrm{d}t_m} \tag{1.2.23}$$

对比式（1.2.21），要让等式成立，只有

$$\frac{\lambda_F \lambda_t}{\lambda_m \lambda_v} = 1 \tag{1.2.24}$$

式（1.2.24）表明，仅当相似指标为 1 时，原型和模型才都遵循牛顿第二定

律。因此,各物理量的相似比尺,不能都任意指定,它们之间存在一定的内在关系。

上式可以进一步改写为

$$\left(\frac{Ft}{Mv}\right)_p = \left(\frac{Ft}{Mv}\right)_m = \mathrm{idem} = k \qquad (1.2.25)$$

式中,$\left(\dfrac{Ft}{Mv}\right)_p$、$\left(\dfrac{Ft}{Mv}\right)_m$ 均为无因次数,即相似准数或相似判据。该式表明原型和模型的相似准数是同等的,并等于某一常数 k。

若将上式的质量 M 用 ρV(V 为体积)代换,则可得到

$$\lambda_m = \lambda_\rho \lambda_V = \lambda_\rho \lambda_l^3 \qquad (1.2.26)$$

考虑体系是几何相似和运动相似,满足 $\lambda_v = \lambda_l / \lambda_t$,将 λ_m 等代入式(1.2.24),则可得

$$\lambda_F = \lambda_\rho \lambda_l^3 \frac{\lambda_v}{\lambda_t} = \lambda_\rho \lambda_l^2 \lambda_v^2 \qquad (1.2.27)$$

移项得

$$\frac{\lambda_F}{\lambda_\rho \lambda_l^2 \lambda_v^2} = 1 \qquad (1.2.28)$$

或

$$\left(\frac{F}{\rho l^2 v^2}\right)_p = \left(\frac{F}{\rho l^2 v^2}\right)_m = \mathrm{idem} = N_e \qquad (1.2.29)$$

式中,N_e 称为牛顿相似准数,简称牛顿数。该式表明,作用在原型和模型的力与其密度一次方、长度平方和速度的平方乘积之比值等于同一常数。广义地说,如果两个几何相似体系达成运动规律相似,它们的牛顿数应相等。反之,如果两个几何体系的牛顿数相等,那么它们之间的运动规律相似,这就是牛顿相似律。

牛顿相似律是判别两个运动现象运动规律相似的普遍定律。这个相似律对作用于某一运动体系上任何不同性质的动力都是普遍适用的。港航工程中,作用于流体或建筑物上的外力是多种多样的,诸如重力、黏滞力、压力、表面张力、弹性力等等。不同的外力,可导出不同的相似准数,因此相似准数也是多种多样的。

综上,我们可以得出动力相似体系中,除保证几何相似、运动相似以外,尚应保证质量相似,即

$$\frac{L'}{L''}=\lambda_L \quad \frac{t'}{t''}=\lambda_t \quad \frac{m'}{m''}=\lambda_m \tag{1.2.30}$$

上述三种相似是原型与模型保持完全相似的重要特征与属性,这三种相似是相互联系和互为条件的。几何相似可以理解为运动相似和动力相似的前提和依据,而动力相似是决定两个物理现象相似的主要因素,运动相似则可以认为是几何相似和动力相似的表现。总之,三种相似是一个彼此密切相关的整体,三者缺一不可。

如前所述,研究某一物理现象相似,必须从这类现象共同遵循的基本规律或微分方程出发。港航工程中某一现象的微分方程式,实际上往往是上述各种力之间的平衡关系式。因此,要使原型和模型同时满足该方程式,就应使方程中各种外力保持相似。也就是使各种相似准数都相等。但实际上,无论哪一个模型,都难以同时满足所有的外力作用均相似,一般只能根据不同的实验目的和要求,选择一、二种对某一物理现象起主要作用的外力,使其满足相似条件,亦即一、二个相似准数相等,忽略其他次要的作用力的相似。

由牛顿相似率可以知道若要保证两体系相似,要使某个或某几个特定的相似准数相等。一旦确定了相似准数,就可以在各物理量的相似常数(比尺)之间建立起一定的关系,从而选择实验中的各物理量的比尺也就有了可遵循的准则。那么,怎样才能确定这些相似准数呢? 一般有三种方法:① 量纲分析法;② 动力分析法;③ 微分方程法。

下一节将依次讨论如何应用这三种方法来确定某一特定的物理现象相似。

1.3 相似方法

早在 1686 年牛顿就对相似现象有所阐述,但直到 1878 年法国数学家约瑟·伯特兰(J. Bertrand)才从最普遍的方程出发,较系统地确定了相似现象的基本性质,提出了量纲分析的方法,得到相似体系中的相似准数。

1870 年前后,佛汝德(W. Froude)进行船舶模型实验,导出了著名的佛汝德数,奠定了重力相似的基础。1883 年雷诺(O. Reynolds)在运动的流体中注入有色的墨水发现了用其名字命名的雷诺定理。1914 年埃德加·白金汉(Edgar Buckingham)在他的论文"On physically similar systems; illustrations of the use of dimensional equations"中用 π 表示无量纲积,其理论被称为 π 定理,在相似方法中占有重要的地位。

相似方法发展至今，一般有如下三种方法：

（1）量纲分析法（又称因次分析法或尺度分析法），它是基于分析影响某物理量的各种量量纲（因次）之间的关系，以此关系来确定相似系统中各物理量之间的相应关系，即得出一系列无量纲的相似准数。

（2）动力模拟法，根据某体系中不同作用力之间所保持的固定关系，寻找表示这种体系主要特征的相似准数，主要涉及原型和模型之间的几何、运动和力学的相似，这种方法在 19 世纪应用得较多，但 20 世纪起除在流体力学范畴内还有所应用外，人们大多更喜欢应用基于量纲分析法的 π 定理等方法。

（3）微分方程法，由描述这种体系的物理方程式得出相似准数，主要基于分析能够代表某物理现象的微分方程及其边界条件，来确定相似系统中各物理量之间的相互关系。

1.3.1　量纲分析

1. 量纲概念

量纲，又称为因次或尺度，是用来表征物理量的种类（或类别），如长度、时间、质量、力等。引入量纲这一概念可以进行量纲分析，这既是物理学的基础，又有着很多重要应用。

物理学中，量纲是被作为表达导出单位组成的专有方式引入的，所以理解量纲首先要了解单位的概念。

单位是量度各物理量数值大小的标准。这些单位是人为确定的，比如同样量度质量，美国用磅，中国用千克，1 磅约等于 0.453 6 千克，因此，所选择单位不同，同一物理量的数值大小就不同，但它们都属于质量类，换言之，所有量度质量的单位（磅、千克、吨、毫克等）均具有同一量纲，习惯上同一用［M］表示。不同的物理量有着不同的单位，它们之间都有相互的联系（图 1.3.1）。实际上，恰当地规定一些基本的单位（称为基本单位），可以使任何其他的单位（称为导出单位）都表达为这些单位的乘积，将其统一以便于研究各个物理量之间的关系。

```
┌─────────────────────────────┐
│          单位系统            │
├─────────────────────────────┤
│    各物理量之间的相互关系     │
└─────────────────────────────┘
```

```
┌──────────────────────────┐        ┌──────────────────────────┐
│          导出单位         │        │          基本单位         │
├──────────────────────────┤        ├──────────────────────────┤
│ 通过各种基本自然规律制定出  │        │ 单位系统中可以选择某几个最 │
│ 来的用这些基本量表达的其他  │        │ 简单的互相独立的量的单位作 │
│ 诸量的单位为导出单位。      │        │ 为基本单位。基本单位是不能 │
│                          │        │ 用其他尺度替代的尺度。      │
└──────────────────────────┘        └──────────────────────────┘
```

```
┌──────────────────────────┐
│          辅助单位         │
├──────────────────────────┤
│ 弧度和球面度称为辅助单位,  │
│ 它们是具有专门名称和符号的 │
│ 无量纲导出单位。          │
└──────────────────────────┘
```

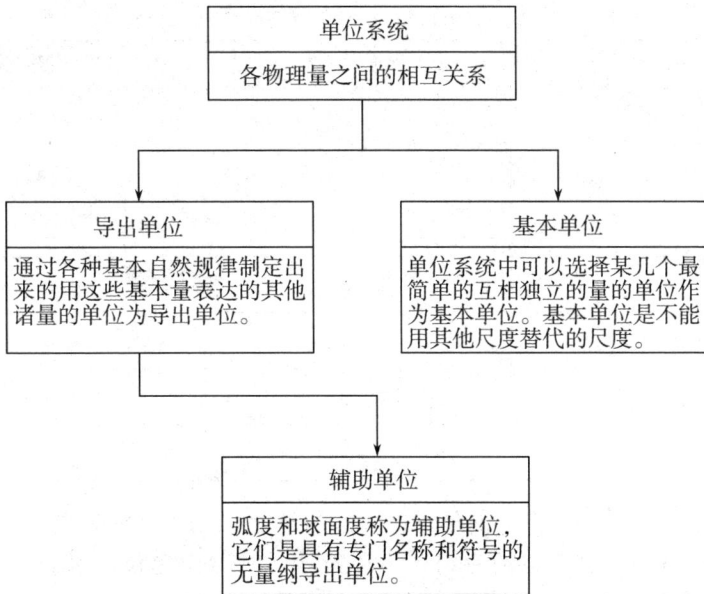

图 1.3.1　单位系统关系图

选用不同的单位量度同一物理量的"数"可能不同,但物理量本身是不变的。这样,两量度单位之间必然存在一定的转换关系。设有一个物理量,如分别选用两个不同的单位系统的基本单位,第一种单位系统的基本单位为 $G_1 G_2 G_3$,第二种系统的基本单位为 $G'_1 G'_2 G'_3$,则两种基本单位之间的转换关系为

$$\begin{cases} G_1 = \alpha G'_1 \\ G_2 = \beta G'_2 \\ G_3 = \gamma G'_3 \end{cases} \tag{1.3.1}$$

式中,α, β, γ 为相应基本单位间的转换系数。由于该物理量不会因选用的单位不同而不同,则如果在第一种基本单位系统中该物理量为

$$Y = G_1^a G_2^b G_3^c \tag{1.3.2}$$

在第二种基本单位系统中该物理量为

$$Y' = (G'_1)^a (G'_2)^b (G'_3)^c \tag{1.3.3}$$

则得两种基本单位系统的转换关系为

$$Y = KY' \tag{1.3.4}$$

为了规范世界各国相互间交流的计量单位,1960 年国际计量大会首次提出并在 1971 年加以补充完善的国际单位制称为 SI。SI 基本单位共 7 个(表 1.3.1),它是国际单位的基础。

表 1.3.1　SI 基本单位

量的名称	单位名称	单位符号
长度	米	m
质量	千克(公斤)	kg
时间	秒	s
电流	安[培]	A
热力学温度	开[尔文]	K
物质的量	摩[尔]	mol
发光强度	坎[德拉]	cd

　　SI 导出单位是用 SI 基本单位以代数形式所表示的单位。某些 SI 导出单位具有国际计量大会通过的专门名称和符号。SI 导出单位中水利水运水电技术领域中常用的包括 SI 辅助单位在内的具有专门名称的 SI 导出单位见表1.3.2。

表 1.3.2　常用具有专门名称的 SI 导出单位

量的名称	SI 导出单位		
	名称	符号	用 SI 基本单位和 SI 导出单位表示
[平面]角	弧度	rad	$1 \text{ rad} = 1 \text{ m/m} = 1$
立体角	球面度	sr	$1 \text{ sr} = 1 \text{ m}^2/\text{m}^2 = 1$
频率	赫[兹]	Hz	$1 \text{ Hz} = 1 \text{ s}^{-1}$
力	牛[顿]	N	$1 \text{ N} = 1 \text{ kg} \cdot \text{m/s}^2$
压力,压强,应力	帕[斯卡]	Pa	$1 \text{ Pa} = 1 \text{ N/m}^2$
能[量],功,热量	焦[耳]	J	$1 \text{ J} = 1 \text{ N} \cdot \text{m}$
功率,辐[射能]通量	瓦[特]	W	$1 \text{ W} = 1 \text{ J/s}$
电荷[量]	库[仑]	C	$1 \text{ C} = 1 \text{ A} \cdot \text{s}$
电压	伏[特]	V	$1 \text{ V} = 1 \text{ W/A}$
电容	法[拉]	F	$1 \text{ F} = 1 \text{ C/V}$

续表

量的名称	SI 导出单位		
	名称	符号	用 SI 基本单位和 SI 导出单位表示
电阻	欧[姆]	Ω	$1\ \Omega = 1\ V/A$
电导	西[门子]	S	$1\ S = 1\ \Omega^{-1}$
摄氏温度	摄氏度	℃	$1\ ℃ = 1\ K$

由表 1.3.1 可以看出，水力学研究中常涉及的基本单位主要有三种，即长度 L、质量 m 和时间 t。在相似理论研究中通常将这三种基本单位的量纲分别记为：长度量纲 [L]、质量量纲 [M] 和时间量纲 [t]，在相似理论中称其为 M-L-t 系统；在传统的相似理论中也有用力的量纲 [F] 代替质量量纲 [M] 的，这种系统称为 F-L-t 系统。这里用符号 [] 来表示物理量的量纲。

量纲可分为基本量纲和诱导量纲。基本量纲必须具有独立性，即一个基本量纲不能从其他基本量纲推导出来，也就是不依赖于其他基本量纲。由基本量纲推导出的其他物理量的量纲称为诱导量纲。例如，[L]、[T] 和 [M] 是相互独立的量，故可以作为基本量纲，但 [L]、[T] 和速度量纲 [v] 就不是相互独立的，因为 $[v] = [LT^{-1}]$，可由 [L]、[T] 量纲推导出来。如果 [L]、[T] 取作基本量纲，[v] 就不能作为基本量纲，它只能作为一个诱导量纲。

在波浪模型中还会遇到一些常用的物理量，为使用方便起见，表 1.3.3 列出了这些常见的物理量在不同系统中与一些基本物理量的关系。

表 1.3.3　常见的物理尺度表

物理量		定义	量纲		备注
几何物理量	长度 l	基本物理量	$[L]$		宽度、深度
	面积 A	长度×长度	$[L^2]$		
	体积 V	长度×长度×长度	$[L^3]$		
	坡度 J	单位高度的长度变化	$[L^0]$		比降
运动学物理量	时间 t	基本物理量	$[t]$		
	流速 U	单位时间位移	$[Lt^{-1}]$		重力加速度 g
	加速度 a	单位时间速度变化	$[Lt^{-2}]$		
	流量 Q	单位时间通过的体积	$[L^3t^{-1}]$		
	单宽流量 q	单位宽度的流量	$[L^2t^{-1}]$		

续表

物理量		定义	量纲		备注
动力学物理量	质量 m	基本物理量	$[M]$	$[FL^{-1}t^2]$	如果基本物理量采用 F-L-t 系统
	力 F	$F=ma$	$[MLt^{-2}]$	$[F]$	
	力矩		$[ML^2t^{-2}]$	$[FL]$	
	重度 γ	单位体积重量	$[ML^{-2}t^{-2}]$	$[FL^{-3}]$	
	密度 ρ	单位体积质量	$[ML^{-3}]$	$[FL^{-4}t^2]$	
	动量 M		$[MLt^{-1}]$	$[Ft]$	
	冲量 I		$[MLt^{-1}]$		
	压强 p	单位面积压力	$[ML^{-1}t^{-2}]$	$[FL^{-2}]$	
	剪应力	单位面积剪力	$[ML^{-1}t^{-2}]$	$[FL^{-2}]$	
	转动惯量 J		$[ML^3t^{-2}]$		
	弹性模量 E	单位面积的弹性力	$[ML^{-1}t^{-2}]$	$[FL^{-2}]$	
	动量矩		$[ML^2t^{-1}]$		
	功,能 W	力×距离	$[ML^2t^{-2}]$	$[FL]$	
	功率 P	单位时间的功	$[ML^2t^{-3}]$	$[FLt^{-1}]$	
水波动力学有关物理量	波高 H		$[L]$		
	波长 L_w		$[L]$		
	波数 k		$[L^{-1}]$		
	波速 C		$[t^{-1}]$		
	波周期 T		$[t]$		
	动力黏滞系数 μ	$\tau=\mu dU/dx$	$[ML^{-1}t^{-1}]$	$[FL^{-2}t]$	
	运动黏滞系数 ν	$\nu=\mu/\rho w$	$[L^2t^{-1}]$	$[L^2t^{-1}]$	
	渗透系数 K		$[Lt^{-1}]$		
	紊动扩散系数 D_T		$[L^2t^{-1}]$		
	表面张力系数	单位长度表面张力	$[Mt^{-2}]$	$[FL^{-1}]$	
	摩擦系数 f		(无量纲)		
	阻尼系数		$[t^{-1}]$		
	浓度 C		$[ML^{-3}]$		
	弹性系数 K_s		$[Mt^{-2}]$	$[FL^{-1}]$	

2. 量纲式

将一个物理导出量用若干个基本量的幂乘积表示出来的表达式,称为该物理量的量纲乘积式或量纲式。

在力学问题中,任何一个力学量的量纲可以由[L]、[T]和[M]导出,故一般取长度[L]、时间[T]和质量[M]为基本量纲。如果 x 为任一物理量,可用三个基本量纲的指数乘积形式来表示:

$$[x] = [L^{\alpha}][T^{\beta}][M^{\gamma}] \tag{1.3.5}$$

式(1.3.5)称为量纲公式。量 x 的物理性质可由量纲的指数 α、β、γ 来反映,如果 α、β、γ 指数有一个不为零时,就可以说 x 为一有量纲的量。

从式(1.3.5)可得力学中常见的量纲有:

(1) 如 $\alpha \neq 0, \beta = 0, \gamma = 0$,$x$ 为一几何学的量;

(2) 如 $\beta \neq 0, \gamma = 0$,x 为一运动学的量;

(3) 如 $\gamma \neq 0$,x 为一动力学的量。

例如:动力黏滞系数 μ,由牛顿摩擦定律知 $\mu = \tau / \dfrac{\mathrm{d}u}{\mathrm{d}n}$,分子 τ 为切应力,其量纲为 $[F/L^2]$,力 $[F] = [MLT^{-2}]$,分母 $\dfrac{\mathrm{d}u}{\mathrm{d}n}$ 为速度梯度,则 μ 的量纲公式为

$$[\mu] = \frac{\left[\dfrac{F}{L^2}\right]}{\left[\dfrac{v}{L}\right]} = \frac{\left[\dfrac{MLT^{-2}}{L^2}\right]}{\left[\dfrac{LT^{-1}}{L}\right]} = \frac{\left[\dfrac{MT^{-2}}{L}\right]}{[T^{-1}]} = [ML^{-1}T^{-1}] \tag{1.3.6}$$

由[M]量纲的指数为 1($\gamma \neq 0$),可知动力黏滞系数为一动力学量。

当式(1.3.5)中的 $\alpha = \beta = \gamma = 0$ 时,即

$$[x] = [L^0][T^0][M^0] = [1] \tag{1.3.7}$$

我们称[x]为无量纲数,它具有数值的特征。

例如,流体力学中已学到的无量纲雷诺数 $Re = vd\rho/\mu$。已知流速 v 的量纲为 $[LT^{-1}]$,有效尺度 d 的量纲为[L],黏滞系数 μ 的量纲为 $[ML^{-1}T^{-1}]$,水密度 ρ 的量纲为 $[ML^{-3}]$,则雷诺数为一无量纲量。

$$Re = [LT^{-1}] \cdot [L] \cdot [ML^{-3}] / [ML^{-1}T^{-1}] = [L^0][T^0][M^0] = [1] \tag{1.3.8}$$

无量纲量具有如下特点:

它的数值大小与所选用的单位无关。如果某流动状态的雷诺数 $Re = 2\,000$,不论采用的是哪一种单位制,其数值保持不变。并且在模型和原型两种规模大小不同的运动现象中其无量纲是不变的。在模型实验中,为了模拟与原型状态相似的模型状态,经常用相同的无量纲量作为相似判据。无量纲量在模型及原型的物理状态中应保持不变,这就是相似原理的基础之一。

3. 量纲和谐原理

凡是能正确反映客观规律的物理方程,其各项的量纲都必须是一致的,这称为量纲的和谐原理。这是量纲分析的基本原理。

例如,伯努利方程 $z+\dfrac{p}{r}+\dfrac{\alpha v^2}{2g}=H$,分别简化等号左、右两边量纲式:

等号左边为

$$\begin{cases} [z]=[\mathrm{L}] \\[2mm] \left[\dfrac{p}{r}\right]=\left[\dfrac{p}{\rho g}\right]=\dfrac{[\mathrm{ML^{-1}t^{-2}}]}{[\mathrm{ML^{-3}Lt^{-2}}]}=[\mathrm{L}] \\[2mm] \left[\dfrac{\alpha v^2}{2g}\right]=\dfrac{[\mathrm{L^2t^{-2}}]}{[\mathrm{Lt^{-2}}]}=[\mathrm{L}] \end{cases} \tag{1.3.9}$$

等号右边为

$$[H]=[\mathrm{L}] \tag{1.3.10}$$

左、右两边的量纲均为长度量纲[L],故该物理方程量纲和谐。

又如描述黏性流体运动的纳维斯托克斯方程为

$$\frac{\partial \boldsymbol{v}}{\partial t}+(\boldsymbol{v}\cdot\bigtriangledown)\boldsymbol{v}=\boldsymbol{X}-\frac{1}{\rho}\bigtriangledown\cdot\rho+v\bigtriangledown^2\boldsymbol{v} \tag{1.3.11}$$

式中,各项的量纲均为[Lt^{-2}],因而该式是满足量纲和谐原理的。此方法可以用于检查方程式是否完整,采用度量单位是否一致,数学分析过程是否严谨。

从物理意义上讲,物理方程式中所包含的数大致分为 5 类,如图 1.3.2 所示。

(1) 纯数,如 1/2、自然常数 e;

(2) 无量纲常数,如圆周率;

(3) 有量纲常数,如重力加速度 g;

(4) 无量纲变数,如雷诺数、泊松比;

(5) 有量纲变数,如力 F。

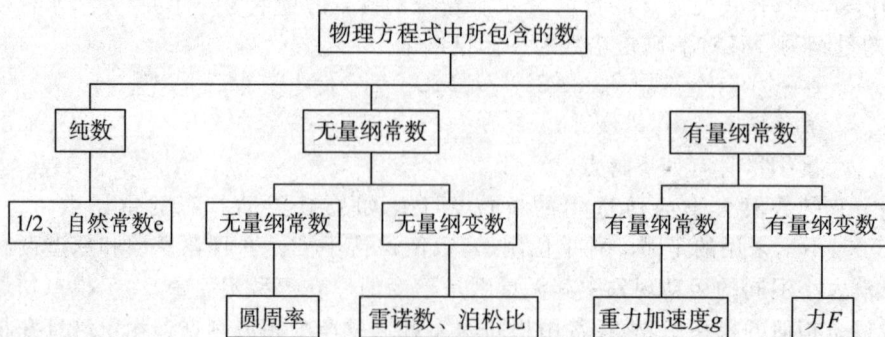

图 1.3.2　物理方程式中所包含的数

　　我们所量测和处理的物理量的数值绝大多数是有量纲变数。在物理关系式中常有各种系数,这些系数可能是有量纲的,也可能是无量纲的。然而,表现物理规律的方程式中各项的量纲必须相同,同名物理量应采用同一单位,这是物理方程的量纲和谐。用更为通俗的语言来讲,量纲和谐就是在一个物理方程式等号两端的物理量的量纲应该保持相同。这一点是工程研究人员应该始终清楚的。

　　量纲和谐主要有以下三点作用:

　　(1) 检验新建方程式或经验公式的正确性和完整性。

　　(2) 确定物理方程中各物理量的指数。

　　(3) 建立某些物理方程。

　　量纲和谐原理是量纲分析的基础理论,由此产生两种量纲分析方法:一种是适用于比较简单的问题的方法,称为瑞利法;另一种是具有普遍性的方法,称为 π 定理。

　　4. 瑞利法

　　选择 m 个基本量度单位来量测一物理量 y,相应的量纲为 $[A]$,$[B]$,$[C]$,…若该物理量具有指数乘积 $y = m x_1^{a_1} \cdot x_2^{a_2} \cdots \cdot x_n^{a_n}$ 的形式,则可转化为基本量纲的指数乘积形式:

$$\begin{cases} [y] = [A^a B^b C^c \cdots] \\ [x] = [A^{a_i} B^{b_i} C^{c_i} \cdots] \, (i = 1, 2, \cdots, n) \end{cases} \tag{1.3.12}$$

　　由量纲和谐原理,可得到由 m 个指数方程组成的指数方程组:

$$[A^a B^b C^c \cdots] = [A^{a_1} B^{b_1} C^{c_1} \cdots][A^{a_2} B^{b_2} C^{c_2} \cdots] \cdots [A^{a_n} B^{b_n} C^{c_n} \cdots] \tag{1.3.13}$$
$$= [A^{a_1 + a_2 + \cdots + a_n} B^{b_1 + b_2 + \cdots + b_n} C^{c_1 + c_2 + \cdots + c_n} \cdots]$$

　　联立方程组求解得出各物理量的量纲指数:

$$\begin{cases} a = a_1 + a_2 + \cdots + a_n \\ b = b_1 + b_2 + \cdots + b_n \\ c = c_1 + c_2 + \cdots + c_n \\ \quad \vdots \end{cases} \tag{1.3.14}$$

这种方法就是瑞利法。现在举几个实际的例子来说明这种方法的使用。

　　例 1. 水平圆管中层流流量 Q 的计算式的确定。

　　通过实验知道它与如下参数有关:圆管半径 r,单位管长的压差 $\Delta p / l$,动力黏滞系数 μ。

　　写出函数关系式:

$$Q = f(r, \Delta p / l, \mu) \tag{1.3.15}$$

假设

$$Q=\left(\frac{\Delta p}{l}\right)^{\alpha} r^{\beta} \mu^{\gamma} \tag{1.3.16}$$

其量纲式为

$$[Q]=\left[\frac{\Delta p}{l}\right]^{\alpha}[r]^{\beta}[\mu]^{\gamma} \tag{1.3.17}$$

根据量纲和谐原理,方程两侧同类量纲的指数必须相同,即

$$[\text{M}^{0} \text{L}^{3} \text{T}^{-1}]=[\text{ML}^{-1} \text{T}^{-2}]^{\alpha}[\text{L}]^{-\alpha}[\text{L}]^{\beta}[\text{ML}^{-1} \text{T}^{-1}]^{\gamma}=[\text{M}^{\alpha+\gamma} \text{L}^{-2\alpha+\beta-\gamma} \text{T}^{-2\alpha-\gamma}]$$

$$\tag{1.3.18}$$

选择$[\text{M}]$,$[\text{L}]$,$[\text{T}]$为基本量纲,则两边的量纲表达式为

$$\begin{cases} [\text{M}]:\alpha+\gamma=0 \\ [\text{L}]:-2\alpha+\beta-\gamma=3 \\ [\text{T}]:-2\alpha-\gamma=-1 \end{cases} \tag{1.3.19}$$

联立上列 3 式求解得:$\alpha=1$,$\beta=4$,$\gamma=-1$,从而有

$$[Q]=\left[\frac{\Delta p}{l} r^{4} \mu^{-1}\right] \tag{1.3.20}$$

写成函数关系式为

$$Q=k \frac{\Delta p r^{4}}{l \mu} \tag{1.3.21}$$

式中,k 为无因次系数,由实验结果分析得 $k=\dfrac{\pi}{8}$。于是圆管中层流流量公式为

$$Q=\frac{\pi}{8} \frac{\Delta p r^{4}}{l \mu} \tag{1.3.22}$$

例2. 一个弦长为 l 的单摆,摆端有质量为 m 的摆球,要求用瑞利法求单摆的摆动周期 t 的表达式。

根据单摆现象(图 1.3.3)观测,周期 t 与弦长 l、摆球质量 m 以及重力加速度 g 有关,即

$$t=f(l,m,g) \tag{1.3.23}$$

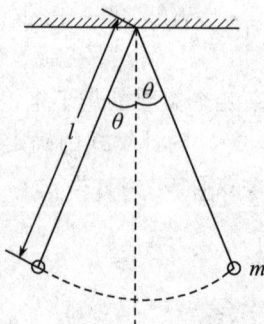

图 1.3.3 单摆

用幂指数乘积来表示这一函数关系,即

$$t = f(l^\alpha m^\beta g^\gamma) \tag{1.3.24}$$

式中,α,β,γ 为待定常数。将上式写成量纲式得

$$[T] = [L]^\alpha [M]^\beta [LT^{-2}]^\gamma \tag{1.3.25}$$

选择 $[M],[L],[T]$ 为基本因次,根据量纲和谐原理,则上式可写成

$$\begin{cases} [M]: \beta = 0 \\ [L]: \alpha + \gamma = 0 \\ [T]: -2\gamma = 1 \end{cases} \tag{1.3.26}$$

联立上列 3 式求解得

$$\alpha = \frac{1}{2}, \beta = 0, \gamma = -\frac{1}{2} \tag{1.3.27}$$

则有

$$[T] = [l^{1/2} g^{-1/2}] \Leftrightarrow t = k \sqrt{\frac{l}{g}} \tag{1.3.28}$$

瑞利法具体步骤:

(1)确定影响某物理现象的各独立变量,假定该物理现象与各独立变量之间的函数关系为指数乘积关系;

(2)将各独立变量的尺度用基本量纲来表示,列出量纲公式;

(3)用量纲和谐的方法列出方程式,解出各物理量的幂次值。

瑞利法的局限性:

(1)只能假定物理方程式的模式是参变量幂指数的乘积;

(2)所建立的方程式正确与否,很大程度取决于参变量的选择是否正确、完整;

(3)方程式中的待定系数或某些指数,一般需由模型实验或理论分析求得;

(4)只有参变量不大于 3 个时,方能求解由 3 个基本量纲构成的量纲和谐方程组,求得不大于 3 个的待定指数,从而建立方程的具体形式。

当物理方程中包含的参变量大于 3 个时,瑞利法就无能为力了。这时需采用量纲分析的普遍方法——π 定理,找出复合无量纲项,方能建立完整的物理方程式。

5. π 定理

下面介绍一下量纲分析法中的普遍理论——白金汉 π 定理。π 定理可以视为一种无量纲化的框架,从已知的物理量中找到一组无量纲的参数,甚至此时方程的具体形式还不清楚也没有关系。

假设影响物理过程的 n 个物理量为 $x_1, x_2, \cdots, x_n$，则该物理过程的数学形式表示为

$$f(x_1, x_2, \cdots, x_n) = 0 \qquad (1.3.29)$$

若有 n 个物理量参与作用，其中有 m 个具有量纲独立的基本物理量，则经过处理，这一物理过程可由包含 $n-m$ 个物理量组成的无量纲准数的函数关系式来表示。这就是 π 定理。

在介绍 π 定理之前，首先要明确独立的基本物理量的含义：任何一个基本物理量的量纲不能由其他基本物理量诱导出来，或者更严格地讲，由基本物理量不可能组成一个无量纲的量。例如，用质量 M、长度 L、时间 T 三个基本物理量，不管怎样组合均不可能组成一个无量纲量。

假设 x_1, x_2, x_3 是基本量，它们的量纲式表示如下：

$$\begin{cases} [x_1] = [M^{\alpha_1} L^{\beta_1} T^{\gamma_1}] \\ [x_2] = [M^{\alpha_2} L^{\beta_2} T^{\gamma_2}] \\ [x_3] = [M^{\alpha_3} L^{\beta_3} T^{\gamma_3}] \end{cases} \qquad (1.3.30)$$

则它们是量纲独立的的条件是左侧方程组中的指数行列式不等于零，即

$$\begin{vmatrix} \alpha_1 & \beta_1 & \gamma_1 \\ \alpha_2 & \beta_2 & \gamma_2 \\ \alpha_3 & \beta_3 & \gamma_3 \end{vmatrix} \neq 0 \qquad (1.3.31)$$

设某一物理过程包含 n 个物理量 $x_1, x_2, \cdots, x_n$，则这一物理过程可用这些参变量的函数关系式(1.3.29)表示。

若 n 个参变量中有 m 个量纲独立 $(m < n)$，则式(1.3.29)可以改写为

$$f(x_1, x_2, \cdots x_m, x_{m+1}, x_{m+2}, \cdots, x_n) = 0 \qquad (1.3.32)$$

$x_1, x_2, \cdots, x_m$ 为基本参变量，$x_{m+1}, x_{m+2}, \cdots, x_n$ 为其他参变量，其量纲可以由基本量的量纲诱导出来，则有

$$\begin{cases} [x_{m+1}] = [x_1]^{\alpha_1} [x_2]^{\alpha_2} \cdots [x_m]^{\alpha_m} \\ [x_{m+2}] = [x_1]^{\beta_1} [x_2]^{\beta_2} \cdots [x_m]^{\beta_m} \\ [x_n] = [x_1]^{\gamma_1} [x_2]^{\gamma_2} \cdots [x_m]^{\gamma_m} \end{cases} \qquad (1.3.33)$$

式中，指数 $\alpha_1, \cdots, \alpha_m, \beta_1, \cdots, \beta_m, \gamma_1, \cdots, \gamma_m$ 均为无量纲常数，若全为 0，则表明该变量为无量纲量。式(1.3.33)可变换为

$$\begin{cases} \left[\dfrac{x_{m+1}}{x_1^{\alpha_1} x_2^{\alpha_2} \cdots x_m^{\alpha_m}} \right] = 1 \\[3mm] \left[\dfrac{x_{m+2}}{x_1^{\beta_1} x_2^{\beta_2} \cdots x_m^{\beta_m}} \right] = 1 \\[3mm] \vdots \\[3mm] \left[\dfrac{x_n}{x_1^{r_1} x_2^{r_2} \cdots x_m^{r_m}} \right] = 1 \end{cases} \qquad (1.3.34)$$

要注意的是,若某一物理量 x_i,除了具有量纲 $[x_i]$ 外,还有数值大小,而且数值大小随单位的改变而改变。如果两个物理量的量纲之比等于 1,那么它们的物理量量纲相同,则其数值之比是一个无量纲数。

比如,若 $x_1=2$ m/s,$x_2=4$ m/s,则

$$\left[\frac{x_1}{x_2}\right]=1 \tag{1.3.35}$$

两者量纲相同,但是

$$\frac{x_1}{x_2}=\frac{1}{2} \tag{1.3.36}$$

为一无量纲数,由于单位相同约分去掉了,而数值的大小不能忽略。所以量纲式是忽略物理量的系数,仅从量纲和谐角度考察物理量之间的关系,其他公式是要考虑系数关系的,因此 x_1、x_2 的比值是一常数,不一定是 1,这里我们用 π_i 来表示,有

$$\begin{cases} \dfrac{x_{m+1}}{x_1^{\alpha_1} x_2^{\alpha_2} \cdots x_m^{\alpha_m}}=\pi_1 \\ \dfrac{x_{m+2}}{x_1^{\beta_1} x_2^{\beta_2} \cdots x_m^{\beta_m}}=\pi_2 \\ \qquad\vdots \\ \dfrac{x_n}{x_1^{\gamma_1} x_2^{r_2} \cdots x_m^{r_m}}=\pi_{n-m} \end{cases} \tag{1.3.37}$$

式中,$\pi_1,\pi_2,\cdots,\pi_{n-m}$ 均为无量纲数。这样式(1.3.32)的参变量都可用它们与量纲独立的基本参变量的某种复合量表示,并转换为 $n-m$ 个无量纲数,这些数称为 π 项。

而对于基本参变量 $x_1,x_2,\cdots,x_m$,其本身的量纲之比显然等于 1,其量值之比也等于 1,即

$$\begin{cases} \left[\dfrac{x_1}{x_1^1 x_2^0 \cdots x_m^0}\right]=1 \quad \dfrac{x_1}{x_1^1 x_2^0 \cdots x_m^0}=1 \\ \qquad\cdots\cdots \\ \left[\dfrac{x_m}{x_1^0 x_2^0 \cdots x_m^1}\right]=1 \quad \dfrac{x_m}{x_1^0 x_2^0 \cdots x_m^1}=1 \end{cases} \tag{1.3.38}$$

经过上面处理和转换,式(1.3.29)可改写成

$$f\left(\underbrace{1,1,\cdots,1}_{\text{共}m\text{项}},\pi_1,\pi_2,\cdots,\pi_{n-m}\right)=0 \tag{1.3.39}$$

或

$$F(\pi_1,\pi_2,\cdots,\pi_{n-m})=0 \tag{1.3.40}$$

例1. 利用 π 定理建立圆球的黏滞力公式。

假设影响圆球在流体中运动（或流体绕圆球运动）时引起的黏滞阻力 F_D 与流体的密度 ρ，动力黏滞系数 μ，球体与流体的相对速度 v 以及表征球体的特征面积 $A\left(A=\dfrac{\pi d^2}{4}\right)$ 有关。于是黏滞阻力的函数关系式可写成

$$F_D = f(\rho,\mu,v,A) \qquad (1.3.41)$$

上式可改写成

$$f_1(F_D,\rho,\mu,v,d) = 0 \qquad (1.3.42)$$

上式共 5 个变量，选择 ρ,v,d 作为基本变量：

$$\begin{cases} [d] = [M^0 L^1 T^0] \\ [v] = [M^0 L^1 T^{-1}] \\ [\rho] = [M^1 L^{-3} T^0] \end{cases} \qquad (1.3.43)$$

基本量纲的指数行列式为

$$\begin{vmatrix} 0 & 1 & 0 \\ 0 & 1 & -1 \\ 1 & -3 & 0 \end{vmatrix} = -1 \neq 0 \qquad (1.3.44)$$

故所选的基本量是量纲独立的，根据 π 定理，其他两个参变量可用无量纲的 π 项表示，可得

$$\begin{cases} \pi_1 = \dfrac{F_D}{\rho^{\alpha_1} v^{\beta_1} d^{\gamma_1}} \\ \pi_2 = \dfrac{\mu}{\rho^{\alpha_2} v^{\beta_2} d^{\gamma_2}} \end{cases} \qquad (1.3.45)$$

可简化成 $f_2(\pi_1,\pi_2) = 0$。

因 π_i 是无量纲的，即 $[\pi_i] = [M^0 L^0 T^0]$，则对于 π_1 有

$$[M^0 L^0 T^0] = [MLT^{-2}]/[ML^{-3}]^{\alpha_1}[LT^{-1}]^{\beta}[L]^{\gamma_1} \qquad (1.3.46)$$

即

$$[M^0 L^0 T^0] = [M]^{1-\alpha_1}[L]^{1+3\alpha_1-\beta-\gamma_1}[T]^{-2+\beta_1} \qquad (1.3.46')$$

根据量纲和谐原理，上式等号两侧相同量纲的指数应相等，则有

$$\begin{cases} [M]: 0 = 1-\alpha_1 \\ [L]: 0 = 1+3\alpha_1-\beta_1-\gamma_1 \\ [T]: 0 = -2+\beta_1 \end{cases} \qquad (1.3.47)$$

联立上述 3 式求解得 $\alpha_1=1,\beta_1=2,\gamma_1=2$，则有

$$\pi_1=\frac{F_D}{\rho v^2 d^2} \tag{1.3.48}$$

同理，可推出

$$\pi_2=\frac{\mu}{\rho v d}=\frac{1}{Re} \tag{1.3.49}$$

式 $f_1(F_D,\rho,\mu,v,d)=0$ 可写成

$$f_2(\pi_1,\pi_2)=0 \Leftrightarrow f_2\left(\frac{F_D}{\rho v^2 d^2},\frac{1}{Re}\right)=0 \tag{1.3.50}$$

或

$$\frac{F_D}{k\rho v^2 d^2}=f_3(Re)=C_D \tag{1.3.51}$$

式中，C_D 称为阻力系数，它与雷诺数有关，通过实验可得出系数 $k=\frac{1}{2}$，于是得到圆球的黏滞力表达式

$$F_D=\frac{1}{2}C_D\rho v^2 d^2 \tag{1.3.51'}$$

这一结果与理论分析得到的阻力公式完全相同。

π定理具体步骤：

(1) 确定能反映某一物理现象的 n 个物理变量；

(2) 根据确定的物理变量，选出 m 个相互独立的基本变量；

(3) 将余下 $(n-m)$ 个变量用选出 m 个相互独立的基本变量的幂函数形式表示，由此得出 $(n-m)$ 个 π式；

(4) 根据各个 π式必须满足的无量纲条件，决定各相互独立的基本变量的指数；

(5) 各项可通过自身或相互乘除，使各式成为一般的为大家所熟悉的或物理含意更为明确的无量纲数，从而确定其相似常数；

(6) 最后以 π式为变量，根据实验要求，确定函数关系。

π定理的局限性：

(1) 确定反映与某一物理现象的变量主要凭研究者的经验，就有可能错误地遗漏了一些重要的与物理现象有关的特征变量，也可能错误地列入与所研究的物理现象无关的变量；

(2) 物理现象中常涉及一些无量纲数，如摩擦系数、各种变形之间的相似准数等，就不能采用量纲分析方法得出；

（3）遇到量纲相同但物理定义不同的量，在分析时也难以分清，如弯矩和功；

（4）容易把一些有量纲的常数或系数看成无量纲数，因而没有把它列为变量之一，如万有引力、水力学中的谢才公式中的系数等；

（5）在所求到的无量纲准数中，单凭量纲分析不能确定哪些变量起决定性作用，哪些变量是次要的。

1.3.2 动力模拟法

如果某一模型具有与原型相同的几何形状，即两个系统的几何尺寸相似，则有下列关系：

$$L_P = \lambda_L L_m \tag{1.3.52}$$

式中，下标 m 表示模型；P 表示原型；λ_L 为几何长度比尺。

运动相似涉及运动的时间与空间关系。如果两个不同系统中的两个质点沿着几何相似的轨迹运动，在相同的时刻位于相应的位置，则可认为两个系统是运动相似的。如果这两个系统中相应点运动的时间间隔的比例也是常数，则这两个系统运动相似，即

$$t_P = \lambda_t t_m \tag{1.3.53}$$

如果两个系统中的质量 m 与力 F 也是相似的，则这两个系统是动力相似，即

$$\begin{cases} m_P = \lambda_m m_m \\ F_P = \lambda_F F_m \end{cases} \tag{1.3.54}$$

式（1.3.52）～（1.3.54）是动力模拟方法的基础。现在来看在港口海岸及近海工程中可能碰到的一些主要作用力有重力（F_g），物体单元的惯性力（F_I），黏滞力（F_μ），表面张力（F_{st}），弹性力（F_e），作用在物体上的压力（F_{pr}）等等。按照牛顿第二定律，可以得到

$$F_I = F_g + F_\mu + F_e + F_{st} + F_{pr} \tag{1.3.55}$$

这样，要使原型与模型总的动力相似，应有下列关系：

$$\frac{(F_I)_p}{(F_I)_m} = \frac{(F_g + F_\mu + F_e + F_{st} + F_{pr})_p}{(F_g + F_\mu + F_e + F_{st} + F_{pr})_m} \tag{1.3.56}$$

理想的动力相似要求模型与原型系统中的各作用力之比相等，即

$$\frac{(F_I)_p}{(F_I)_m} = \frac{(F_g)_p}{(F_g)_m} = \frac{(F_\mu)_p}{(F_\mu)_m} = \frac{(F_e)_p}{(F_e)_m} = \frac{(F_{st})_p}{(F_{st})_m} = \frac{(F_{pr})_p}{(F_{pr})_m} \tag{1.3.57}$$

以 L 表示特征长度，L^2 表示特征面积，L^3 表示特征体积，t 表示特征时间，v 表示特征速度，p 表示物体的密度；g 表示重力加速度，加速度 a 则可用 v/t 表

示。这些力的表达形式结合常见的物理量纲表可以得到

$$F_I = 质量 \times 加速度 = ma = \rho L^3 v/t = \rho L^4/t^2 = mv\frac{\partial v}{\partial x} = (\rho L^3)(v^2/L) = \rho L^2 v^2$$

$$(1.3.58)$$

$$F_g = 质量 \times 重力加速度 = \rho L^3 g \tag{1.3.59}$$

$$F_\mu = 黏滞系数 \times \frac{速度}{距离} \times 面积 = \mu v L \tag{1.3.60}$$

$$F_{st} = 单位长度表面张力 \times 长度 = \sigma L \tag{1.3.61}$$

$$F_e = 弹性模量 \times 面积 = EL^2 \tag{1.3.62}$$

$$F_{pr} = 压强 \times 面积 = pL^2 \tag{1.3.63}$$

知道以上力学中最重要的一些力的表达形式，就可以应用动力相似方法来讨论不同作用力的相似问题。由下式可获得各个力的相似准数：

$$\lambda_{F_I} = \lambda_{F_g} = \lambda_{F_\mu} = \lambda_{F_e} = \lambda_{F_{st}} = \lambda_{F_{pr}} \tag{1.3.64}$$

1. 重力相似准则（佛汝德相似准则）

由惯性力 $F_I = \rho L^2 v^2$ 和重力 $F_g = \rho L^3 g$ 可得到比尺为

$$\lambda_{F_I} = \lambda_\rho \lambda_v^2 \lambda_L^2 \tag{1.3.65}$$

$$\lambda_{F_g} = \lambda_\rho \lambda_g \lambda_L^3 \tag{1.3.66}$$

根据上一小节结论惯性力比尺与重力比尺相等 $\lambda_{F_I} = \lambda_{F_g}$，有

$$\lambda_\rho \lambda_g \lambda_L^3 = \lambda_\rho \lambda_v^2 \lambda_L^2 \tag{1.3.67}$$

简化得

$$\frac{\lambda_v^2}{\lambda_g \lambda_L} = 1 \tag{1.3.68}$$

或

$$\left(\frac{v^2}{gL}\right)_p = \left(\frac{v^2}{gL}\right)_m = \text{idem} = F_r \tag{1.3.69}$$

式中，F_r 称为重力相似准数，或称佛汝德数，是无因次数。

由于原型与模型均在重力场中，则 $\lambda_g = 1$，由式（1.3.68）可简化为 $\lambda_v^2 = \lambda_L$，可得速度比尺：

$$\lambda_v = \sqrt{\lambda_L} \tag{1.3.70}$$

由速度比尺 $\lambda_v = \sqrt{\lambda_L}$ 和长度比尺 λ_L 可推求时间比尺为

$$\lambda_t = \sqrt{\lambda_L} \tag{1.3.71}$$

通常模型实验采用与原型采用相同的流体，则 $\lambda_\rho = 1$，由惯性力比尺可得力的比尺为

$$\lambda_F = \lambda_\rho \lambda_v^2 \lambda_L^2 = 1 \cdot (\sqrt{\lambda_L})^2 \cdot \lambda_L^2 = \lambda_L^3 \tag{1.3.72}$$

也可以由重力比尺得力的比尺为

$$\lambda_F = \lambda_\rho \lambda_g \lambda_L^3 = 1 \cdot 1 \cdot \lambda_L^3 = \lambda_L^3 \tag{1.3.73}$$

同理可得

$$\lambda_a = \lambda_v / \lambda_t = \sqrt{\lambda_L} / \sqrt{\lambda_L} = 1 \tag{1.3.74}$$

所以在重力相似准则下各常用物理量的比尺均可以用长度比尺表述：

$$\begin{cases} \lambda_t = \sqrt{\lambda_L} \\ \lambda_v = \sqrt{\lambda_L} \\ \lambda_F = \lambda_L^3 \\ \lambda_a = 1 \end{cases} \tag{1.3.75}$$

2. 黏滞力相似准则（雷诺相似准则）

由惯性力 $F_I = \rho L^2 v^2$ 和黏滞力 $F_\mu = \mu v L$ 可得到比尺为

$$\begin{cases} \lambda_{F_I} = \lambda_\rho \lambda_v^2 \lambda_L^2 \\ \lambda_{F_\mu} = \lambda_\mu \lambda_v \lambda_L \end{cases} \tag{1.3.76}$$

因动力黏滞系数 μ 与运动黏滞系数 v 的关系为 $\mu = \rho v$，则其比尺为 $\lambda_\mu = \lambda_\rho \lambda_v$，则上式可改写为

$$\lambda_{F_\mu} = \lambda_\rho \lambda_v \lambda_v \lambda_L \tag{1.3.77}$$

要使黏滞力作用下原型与模型相似，应使黏滞力比尺与惯性力比尺相等 $\lambda_{F_I} = \lambda_{F_\mu}$，有

$$\lambda_\rho \lambda_v \lambda_v \lambda_L = \lambda_\rho \lambda_v^2 \lambda_L^2 \tag{1.3.78}$$

简化得

$$\frac{\lambda_v \lambda_L}{\lambda_v} = 1 \tag{1.3.79}$$

或

$$\left(\frac{vL}{v}\right)_p = \left(\frac{vL}{v}\right)_m = \text{idem} = R_e \tag{1.3.80}$$

式中，R_e 称为黏滞力相似准数，或称雷诺数，是无因次数。

若原型与模型的流体相同，实验时温度也一致，则 $\lambda_\mu = \lambda_\rho \lambda_v = \lambda_v = 1$，可得

$$\begin{cases} \text{速度比尺}: \lambda_v = \dfrac{1}{\lambda_L} \\[2mm] \text{时间比尺}: \lambda_t = \dfrac{\lambda_L}{\lambda_v} = \lambda_L^2 \\[2mm] \text{力的比尺}: \lambda_F = \lambda_\rho \lambda_v^2 \lambda_L^2 = 1 \cdot \left(\dfrac{1}{\lambda_L}\right)^2 \cdot \lambda_L^2 = \lambda_\rho \lambda_v \lambda_v \lambda_L = 1 \cdot \dfrac{1}{\lambda_L} \cdot \lambda_L = 1 \end{cases} \tag{1.3.81}$$

3. 压力相似准则（欧拉相似准则）

由惯性力 $F_I = \rho L^2 v^2$ 和不可压缩流体中运动的物体所受的压力 $F_{pr} = pL^2$ 可得到比尺为

$$
\begin{cases}
\lambda_{F_I} = \lambda_\rho \lambda_v^2 \lambda_L^2 \\
\lambda_{F_{pr}} = \lambda_p \lambda_L^2
\end{cases}
\tag{1.3.82}
$$

要使压力作用下原型与模型相似，应使压力比尺与惯性力比尺相等 $\lambda_{F_I} = \lambda_{F_{pr}}$，有

$$
\lambda_p \lambda_L^2 = \lambda_\rho \lambda_v^2 \lambda_L^2
\tag{1.3.83}
$$

简化得

$$
\frac{\lambda_p}{\lambda_\rho \lambda_v^2} = 1
\tag{1.3.84}
$$

或

$$
\left(\frac{p}{\rho v^2} \right)_p = \left(\frac{p}{\rho v^2} \right)_m = \mathrm{idem} = E_u
\tag{1.3.85}
$$

式中，E_u 称为压力相似准数，或称欧拉数，是无因次数。

为达到动力相似，应满足牛顿相似定律，则有

$$
\begin{cases}
\text{速度比尺}: \lambda_v = \sqrt{\dfrac{\lambda_p}{\lambda_\rho}} \\[2mm]
\text{时间比尺}: \lambda_t = \dfrac{\lambda_L}{\lambda_v} = \lambda_L \sqrt{\dfrac{\lambda_\rho}{\lambda_p}} \\[2mm]
\text{力的比尺}: \lambda_F = \lambda_\rho \lambda_v^2 \lambda_L^2 = \lambda_\rho \cdot \dfrac{\lambda_p}{\lambda_\rho} \cdot \lambda_L^2 = \lambda_p \lambda_L^2
\end{cases}
\tag{1.3.86}
$$

在工程模型中，一般欧拉相似准则不是决定性的准则，因为流体静压是由于重力产生的，而动压差却是流体运动的结果，它并不决定流动相似，故只要满足重力相似即可满足压力相似，但若有动力外荷载，如管中水击、空泡现象等，则要考虑满足欧拉相似准则。

4. 表面张力相似准则（韦伯相似准则）

由惯性力 $F_I = \rho L^2 v^2$ 和表面张力 $F_{st} = \sigma L$ 得到比尺为

$$
\begin{cases}
\lambda_{F_I} = \lambda_\rho \lambda_v^2 \lambda_L^2 \\
\lambda_{F_{st}} = \lambda_\sigma \lambda_L
\end{cases}
\tag{1.3.87}
$$

流体分子间有凝聚力作用，因此流体与其他介质间的交界面上将产生表面张力，当研究的流体运动以表面张力起主导作用时，则要使原型与模型相似，应使表面张力比尺与惯性力比尺相等 $\lambda_{F_I} = \lambda_{F_{st}}$，有

$$\lambda_\sigma \lambda_L = \lambda_\rho \lambda_v^2 \lambda_L^2 \qquad (1.3.88)$$

简化得

$$\frac{\lambda_\rho \lambda_L \lambda_v^2}{\lambda \sigma} = 1 \qquad (1.3.89)$$

或

$$\left(\frac{v^2 L \rho}{\sigma}\right)_p = \left(\frac{v^2 L \rho}{\sigma}\right)_m = \mathrm{idem} = W_e \qquad (1.3.90)$$

式中，W_e 称为表面张力相似准数，或称韦伯数，是无因次数。

当模型中采用与原型同一流体时，则 $\lambda_\rho = \lambda_\sigma = 1$，可得

$$\begin{cases} 速度比尺：\lambda_v = \sqrt{\dfrac{\lambda_\sigma}{\lambda_\rho \lambda_L}} = (\lambda_L)^{-\frac{1}{2}} \\[2mm] 时间比尺：\lambda_t = \dfrac{\lambda_L}{\lambda_v} = (\lambda_L)^{\frac{3}{2}} \\[2mm] 力的比尺：\lambda_F = \lambda_\rho \lambda_v^2 \lambda_L^2 = 1 \cdot \dfrac{1}{\lambda_L} \cdot \lambda_L^2 = \lambda_\sigma \lambda_L = 1 \cdot \lambda_L = \lambda_L \end{cases} \qquad (1.3.91)$$

韦伯相似准则很少应用于水工实验，一般水力模型中表面流速大于 0.23 m/s，水深大于 3 cm 时，表面张力影响可忽略。流体运动中如小型沟渠的表面微波和土壤中的毛细管现象皆为表面张力现象，应注意表面张力的作用在这些小模型实验中引起的缩尺影响。

5. 弹性力相似准则（柯西相似准则）

由惯性力 $F_I = \rho L^2 v^2$ 和弹性力 $F_e = EL^2$ 得到比尺为

$$\begin{cases} \lambda_{F_I} = \lambda_\rho \lambda_v^2 \lambda_L^2 \\ \lambda_{F_e} = \lambda_E \lambda_L^2 \end{cases} \qquad (1.3.92)$$

如果某一运动现象以弹性力为主，则应保持弹性力作用下的原型与模型相似，应使弹性力比尺与惯性力比尺相等 $\lambda_{F_I} = \lambda_{F_e}$，有

$$\lambda_E \lambda_L^2 = \lambda_\rho \lambda_v^2 \lambda_L^2 \qquad (1.3.93)$$

简化得

$$\frac{\lambda_\rho \lambda_v^2}{\lambda_E} = 1 \qquad (1.3.94)$$

或

$$\left(\frac{\rho v^2}{E}\right)_p = \left(\frac{\rho v^2}{E}\right)_m = \mathrm{idem} = C_a \qquad (1.3.95)$$

式中，C_a 称为弹性力相似准数，或称柯西数，是无因次数。

这个相似准则在水工模型实验中应用较少，只对流体压缩性起主要作用的

水弹性问题（如水击现象）才有用，但在结构模型和空气动力学中应用较为普遍。

因为声音在流体中传播速度（音速）$c=\sqrt{\dfrac{E}{\rho}}$，所以柯西数实际为流速 v 与音速 c 之比的平方。如将柯西数开方，则有

$$\left(\frac{v}{c}\right)_{\mathrm{p}}=\left(\frac{v}{c}\right)_{\mathrm{m}}=M_a \tag{1.3.96}$$

式中，M_a 称为马赫（Mach）数。故柯西相似准则在空气动力学中又称为马赫相似准则。当流速接近或超过音速时，流体弹性压缩现象比较显著，此时，要实现流动相似必须符合马赫相似准则。

当模型中采用与原型同一流体时，则弹性模量比尺 $\lambda_E=1$，由 $\lambda_\rho\lambda_v^2=1$ 得

$$\begin{cases} \text{流速比尺}: \lambda_v=\sqrt{\dfrac{1}{\lambda_\rho}}=(\lambda_\rho)^{-\frac{1}{2}} \\[2mm] \text{时间比尺}: \lambda_t=\dfrac{\lambda_L}{\lambda_v}=\lambda_L(\lambda_\rho)^{\frac{1}{2}} \\[2mm] \text{力的比尺}: \lambda_F=\lambda_\rho\lambda_v^2\lambda_L^2=1\cdot\dfrac{1}{\lambda_\rho}\cdot\lambda_L^2=\lambda_E\lambda_L^2=\lambda_L^2 \end{cases} \tag{1.3.97}$$

6. 非恒定流相似准则（斯特劳哈尔相似准则）

在非恒定流动时，当地加速度 $\dfrac{\partial v}{\partial t}\neq0$。由这个加速度所产生的惯性力与迁移加速度的惯性力之比可以得到

$$\frac{\lambda_v\lambda t}{\lambda_L}=1 \tag{1.3.98}$$

或

$$\left(\frac{vt}{L}\right)_{\mathrm{p}}=\left(\frac{vt}{L}\right)_{\mathrm{m}}=S_t \tag{1.3.99}$$

式中，S_t 称为非恒定流相似准数（也称为局部惯性力相似准则），或称斯特劳哈尔数。又称为时间准数，即只要保证水流运动相似，这一准则自动满足。

知道模型的相似准数可以据此设计模型应满足的一些相似参数。至此可以将动力模拟方法的归纳为以下主要步骤：

（1）对一给定的问题确定系统中的主要动力（既包括独立的力，也包括不独立的力）。

（2）由惯性力与这些作用力中的主要作用力之比得到相应的相似准数。

（3）根据相似准数来设计模型比尺。

1.3.3 微分方程法

用微分方程法讨论相似准则问题可以由两种方法来实现:一种是积分类比法,这种方法是一种较为古老的方法,以致近些年相似理论的教科书中很少提及,但这种方法确实曾被应用过,而且比较简便易用,这里只作简单介绍;另一种方法是微分方程的无量纲化法,这种方法应是由积分类比法逐步演变过来的,在各种相似理论的教科书中均有介绍。

1. 积分类比法

这一方法可从比例的角度来解释。根据比例的性质,如果两个系统(如原型系统和模型系统)中的某物理量 A,满足

$$\frac{(A_1)_P}{(A_1)_m}=\frac{(A_2)_P}{(A_2)_m}=\lambda_A=常数 \tag{1.3.100}$$

则

$$(A_1)_P+(A_2)_P=\frac{(A_1)_P-(A_2)_P}{(A_1)_m+(A_2)_m}=\frac{(\Delta A)_p}{(A_1)_m-(A_2)_m}=\frac{(\Delta A)_p}{(\Delta A)_m}=\lambda_A$$

$$\tag{1.3.101}$$

由于常数的极限等于其本身,所以

$$\lim_{\Delta A \to 0}\left(\frac{(\Delta A)_p}{(\Delta A)_m}\right)=\frac{dA_p}{dA_m}=\frac{A_p}{A_m}=\lambda_A=常数 \tag{1.3.102}$$

在上式的推导中,引出一物理量的导数与相似比尺之间关系的推算方法。换句话说,在确定物理现象的相似准则时,各相应物理变量的比值可以用各物理变量的导数来确定,反之亦然。同理,可以推导得到多阶导数与相应物理变量的幂次比值。这种方法已在前边有过应用,如速度 $V=dL/dt$,其比尺可写成 $\lambda_V=\lambda_L/\lambda_t$ 就是其中一例。由式(1.3.102)可知,导数求比例时只要将微分符号去掉即可得到。由式(1.3.101)还可知,各物理量的和或差的比值,可用一个物理量的比值表示。这就是积分类比法。

使用这种方法的步骤可以简单归纳如下:

(1) 写出物理现象的基本微分方程组和单值条件;

(2) 将各阶导数用积分类比代替(即去掉所有的微分符号);

(3) 坐标用线性特征量代替,方程中所有向量沿各坐标轴的分量均用向量绝对值来表示;

(4) 所有的等号、加号和减号用同一种比例符号"～"代替;

(5) 从每一比例中组合出无尺度量。

以热传导方程为例来说明这种方法的应用。先写出基本微分方程和边界

条件,其微分方程为

$$\frac{\partial \theta}{\partial t} = \alpha \frac{\partial^2 \theta}{\partial x^2} \tag{1.3.103}$$

边界条件:

$$-\beta \frac{\partial \theta}{\partial x} = \mp \alpha \theta \quad (x=l) \quad \begin{cases} \theta \text{ 为温度} \\ l \text{ 为物体长度} \\ \alpha \text{ 和 } \beta \text{ 为系数} \end{cases} \tag{1.3.104}$$

按积分类比法,将坐标 x 用特征长度 L 来代替,时间 t 用特征时间 T 代替,去掉控制方程式中的微分符号,得

$$\frac{\theta}{T} \sim \frac{\alpha \theta}{L^2} \tag{1.3.105}$$

由边界条件,得

$$\frac{\beta \theta}{L} \sim \alpha \theta \tag{1.3.106}$$

式(1.3.105)中比例符号右端由式(1.3.103)等号右端得到,也就是说,按积分类比法,$\frac{\partial^2}{\partial x^2}$ 可以写成 $\frac{1}{x^2}$ 或 $\frac{1}{L^2}$,这可用式(1.3.102)类似的方法得到。将式(1.3.105)和式(1.3.106)用比例符号左端项除右端项,得到无尺度量

$$\begin{cases} \dfrac{\alpha T}{L^2} = \text{常数} \\[2mm] \dfrac{\alpha L}{\beta} = \text{常数} \end{cases} \tag{1.3.107}$$

这就是用积分类比法得到热传导方程的两个相似准数。同理可得其他力的相似准数。

2. 微分方程无量纲化方法

如果某物理现象由一具有足够精度的微分方程描述,可以通过将此方程转换成无量纲(量纲)的形式来确定模型和原型之间的相似关系。

现用下列简单的单摆(图1.3.3)运动方程看如何将微分方程化为无量纲的形式。

单摆方程:

$$l \frac{d^2 \theta}{d t^2} + g \sin \theta = 0 \tag{1.3.108}$$

式中,l 是摆的长度,θ 是摆的转动角度,如果将方程两端同除以重力加速度 g,得

$$\frac{l}{g}\frac{\mathrm{d}^2\theta}{\mathrm{d}t^2} + \sin\theta = 0 \tag{1.3.109}$$

由于 $\sin\theta$ 是无量纲的,按照量纲和谐原理,上述方程就是一个无量纲的微分方程,但各变量仍是有量纲的。现在进一步引入无量纲参数 $\tau = \frac{t}{T}$,这里 T 是摆的摆动周期。于是

$$\mathrm{d}t = T\mathrm{d}\tau, \mathrm{d}t^2 = T^2 \tag{1.3.110}$$

代入式(1.3.109),得

$$\mathrm{d}\tau^2\frac{l}{gT^2}\frac{\mathrm{d}\theta^2}{\mathrm{d}\tau^2} + \sin\theta = 0 \tag{1.3.111}$$

任意两个用此控制方程描述的单摆的相似应该满足:

$$\begin{cases} \theta_{\mathrm{p}} = \theta_{\mathrm{m}} \\ \dfrac{l_{\mathrm{p}}}{g_{\mathrm{p}}T_{\mathrm{p}}^2} = \dfrac{l_{\mathrm{m}}}{g_{\mathrm{m}}T_{\mathrm{m}}^2} \end{cases} \tag{1.3.112}$$

若 $g_{\mathrm{p}} = g_{\mathrm{m}}$ 则

$$\left(\frac{l_{\mathrm{p}}}{l_{\mathrm{m}}}\right)^{\frac{1}{2}} = \frac{T_{\mathrm{p}}}{T_{\mathrm{m}}} \tag{1.3.113}$$

或

$$\lambda_T = \lambda_t = \lambda_L^{1/2} \tag{1.3.114}$$

在同一微分方程中,可以对同一种类型物理量采用不同的特征参数使其无量纲化,如三维坐标(x, y, z)中可选择任一方向的长度作为特征长度。了解这一特性,对变态模型的设计是相当重要的。这也是微分方程无量纲化方法一个重要的优点。

其主要步骤可以归纳如下:

(1) 写出物理现象变化控制方程;

(2) 选择合适的特征变量,使各变量变成无量纲的形式;

(3) 用方程中的某一系数除整个方程,使微分方程无量纲化;

(4) 整合和简化方程,得出相似准数,作为模拟中的控制参数。

3. 相似方法的比较

一般来讲,在人们认识物理现象的过程中,往往有三个不同的等级水平。

在第一等级水平上,对物理量的认识往往仅仅是定性的认识,尚不能对各物理量之间的关系进行定量的描述(量纲分析法);

在第二等级水平上,与第一等级水平相比,可以比较清楚地对各物理量之间的关系进行定量的描述(动力模拟法以及大多数的微分方程法);

在第三个等级水平上,可以将物理现象用较为准确的微分方程来描述,其量值能用该方程完全解或数值以及解析的形式来确定。

任何一个控制方程都具有局限性,同时存在着不断涌现的新问题有待人们去认识与解决,对于这些新问题的相似研究,更多应用的方法还是量纲分析法和动力模拟法。三种相似方法的比较见表1.3.4。

表 1.3.4　三种相似方法的比较

方法	功能	严密性	精确性	简便性	输入信息
量纲分析法	少	小	差	中等	少
动力模拟法	中等	中等	较好	较复杂	中等
微分方程法	多	最好	最好	最复杂	最多

1.4　流体力学相似条件

流体动力相似中原型与模型相应点的各种作用力可以从不同的角度进行分类,但最根本的是从流体的物理性质进行分类,如万有引力特性所产生的重力、流体黏滞性所产生的黏滞力、压缩性所产生的弹性力等。另外,还有液体的惯性所引起的惯性力,除惯性力外上述作用力都是企图改变流动状态的力,而惯性力是企图维持液体原有运动状态的力。液体的波动就是惯性力和其他力相互作用的结果。如果我们以其他性质的力与惯性力的比例来表示其比例关系,在原型和模型中,这种比例保持固定不变,即为表征动力相似的准数。

下面试图用描述黏性流体运动的方程来研究表示流体动力相似的准数。在纳维斯托克斯方程中,外力作用只考虑重力作用,则对于原型和模型来讲,分别由下列方程给出:

$$\frac{\partial \boldsymbol{v}_{\mathrm{p}}}{\partial t_{\mathrm{p}}}+(\boldsymbol{v}_{\mathrm{p}} \cdot \nabla_{\mathrm{p}})\boldsymbol{v}_{\mathrm{p}}=g_{\mathrm{p}}-\frac{1}{\rho_{\mathrm{p}}}\nabla_{\mathrm{p}} P_{\mathrm{p}}+v_{\mathrm{p}}\nabla_{\mathrm{p}}^{2}\boldsymbol{v}_{\mathrm{p}} \tag{1.4.1}$$

$$\frac{\partial v_{\mathrm{m}}}{\partial t_{\mathrm{m}}}+(\boldsymbol{v}_{\mathrm{m}} \cdot \nabla_{\mathrm{m}})\boldsymbol{v}_{\mathrm{m}}=g_{\mathrm{m}}-\frac{1}{\rho_{\mathrm{m}}}\nabla_{\mathrm{m}} P_{\mathrm{m}}+v_{\mathrm{m}}\nabla_{\mathrm{m}}^{2}\boldsymbol{v}_{\mathrm{m}} \tag{1.4.2}$$

两个相似运动间存在比尺关系如下:

密度比尺为 $\lambda_{\rho}=\rho_{\mathrm{p}}/\rho_{\mathrm{m}}$,运动黏滞系数比尺为 $\lambda_{v}=v_{\mathrm{p}}^{2}/v_{\mathrm{m}}$,压力比尺为 $\lambda_{p}=P_{\mathrm{p}}/P_{\mathrm{m}}$,重力加速度比尺为 $\lambda_{g}=g_{\mathrm{p}}/g_{\mathrm{m}}$,速度比尺为 $\lambda_{v}=v_{\mathrm{p}}/v_{\mathrm{m}}$,时间比尺为 $\lambda_{t}=t_{\mathrm{p}}/t_{\mathrm{m}}$,长度比尺为 $\lambda_{l}=l_{\mathrm{p}}/l_{\mathrm{m}}$。

将这些比尺的关系代入式(1.4.1)中,得

$$\frac{\lambda_v}{\lambda_t} \cdot \frac{\partial \boldsymbol{v}_{\mathrm{m}}}{\partial t_{\mathrm{m}}} + \frac{\lambda_v^2}{\lambda_l}(\boldsymbol{v}_{\mathrm{m}} \cdot \nabla_{\mathrm{m}})\boldsymbol{v}_{\mathrm{m}} = \lambda_g g_{\mathrm{m}} - \frac{\lambda_p}{\lambda_\rho \lambda_g} \cdot \frac{1}{\rho_{\mathrm{m}}} \nabla_{\mathrm{m}} P_{\mathrm{m}} + \frac{\lambda_v \lambda_v}{\lambda_l^2} \cdot v_{\mathrm{m}} \nabla_{\mathrm{m}}^2 \boldsymbol{v}_{\mathrm{m}}$$

$$(1.4.3)$$

如果两个运动相似,则式(1.4.2)、式(1.4.3)应恒等,这就要求式(1.4.3)中各项无量纲系数互等,即

$$\frac{\lambda_v}{\lambda_t} = \frac{\lambda_v^2}{\lambda_l} = \lambda_g = \frac{\lambda_p}{\lambda_\rho \lambda_g} = \frac{\lambda_v \lambda_v}{\lambda_l^2} \tag{1.4.4}$$

式中,$\frac{\lambda_v}{\lambda_t}$ 为加速度项,$\frac{\lambda_v^2}{\lambda_l}$ 为定常加速度,λ_g 为重力项,$\frac{\lambda_p}{\lambda_\rho \lambda_g}$ 为压力项,$\frac{\lambda_v \lambda_v}{\lambda_l^2}$ 为黏滞项。以第 2 项遍除各项得

$$\frac{\lambda_l}{\lambda_t \lambda_v} = \frac{\lambda_g \lambda_l}{\lambda_v^2} = \frac{\lambda_P}{\lambda_\rho \lambda_v^2} = \frac{\lambda_v}{\lambda_l \lambda v} \tag{1.4.5}$$

将各种比尺的关系代入式(1.4.5)则有无量纲关系:

$$\begin{cases} l_{\mathrm{p}}/v_{\mathrm{p}}t_{\mathrm{p}} = l_{\mathrm{m}}/v_{\mathrm{m}}t_{\mathrm{m}} \\ v_{\mathrm{p}}^2/g_{\mathrm{p}}l_{\mathrm{p}} = v_{\mathrm{m}}^2/g_{\mathrm{m}}l_{\mathrm{m}} \\ v_{\mathrm{p}}l_{\mathrm{p}}/v_{\mathrm{p}} = v_{\mathrm{m}}l_{\mathrm{m}}/v_{\mathrm{m}} \\ P_{\mathrm{p}}/\rho_{\mathrm{p}}v_{\mathrm{p}}^2 = P_{\mathrm{m}}/\rho_{\mathrm{m}}v_{\mathrm{m}} \end{cases} \tag{1.4.6}$$

式(1.4.6)中各式的无量纲项都是相似准数,则由式(1.4.6)可以得到

$$\begin{cases} \text{斯特劳哈尔准数 } S_t = \dfrac{l}{vt} \\[2mm] \text{佛汝德准数 } F_r = \dfrac{v}{\sqrt{gl}} \\[2mm] \text{雷诺准数 } R_e = \dfrac{vl}{v} \\[2mm] \text{欧拉准数 } E_u = \dfrac{P}{\rho v^2} \end{cases} \tag{1.4.7}$$

由纳维斯托克斯方程所描述的 2 个不可压缩黏性流体的运动保持相似,上列 4 个准数必须相等。这是判断相似的标志和判据,也是流体力学原型与模型相似的准则。

四个相似准则的含义为:

(1)斯特劳哈尔准则表征运动的非恒定性。

(2)欧拉准则表征压力与惯性力的比值。

(3)佛汝德准则表征重力与惯性力的比值。

(4)雷诺准则表征黏滞力与惯性力的比值。

1.5 相似原理

一般来讲,物理模型的相似遵循三个主要原则:

(1) 相似现象必须可以用相同的方程式描述,它们的各相似准数的数值是相等的;

(2) 描述一个物理现象各物理量的关系式可化成各相似准数之间的关系式;

(3) 单值条件(包括几何条件、边界条件以及对所研究现象有重大影响的物理条件等)相似。

在某些教科书中也称以上三个主要原则为物理相似的三个定理,是不同现象彼此相似的充分和必要条件。这种说法虽然在学术界还有不同的看法,但可以认为这是目前对物理相似原则比较系统的概括。如下:

(1) 相似第一定理:彼此相似的物理体系应由同一方程式描述,各变量之间保持一定的比例,其相似指标为 1 或者它们的各种相似准数的数值相同;

(2) 相似第二定理:对于两个同一类物理现象,如果它们的定解(单值)条件相似,而且由定解条件物理量所组成的相似准数相等,则现象必定相似;

(3) 相似第三定理:表示物理过程的微分方程式可以转换为由若干个无因次的相似准数组成的准数方程式。

1.6 水力模型相似应用的限制条件

1.6.1 基本实验条件的限制

不管是现实中的原型还是实验室的模型都是建造在地球表面的,同时水动力模型的尺寸往往相对较大,不可能建造在离心模型设备中,因此如果重力加速度 g 是一个特征变量的话,只能取 $\lambda_g = 1$,因为在地球表面上 g 是常数。显然,这种限制条件是无法消除的。此外,受技术、经济等条件的限制,在传统的波浪模型实验中,往往采用与原型中相同的流体(即使用淡水代替海水,两者的比重也相差很小)来做实验,这意味着模型和原型中的流体自身的物理特征是相同的(或者两者的比尺是基本固定不变的)。这些特征包括水的密度以及水的黏滞特性(可用水动力黏滞系数代表),也就是说,事实上已经选择了

$$\begin{cases} \lambda_\rho \approx 1 \\ \lambda_\mu \approx 1 \end{cases}$$

(1.6.1)

从相似方法讨论中,已知任一物理过程的特性可以用三个独立的量纲表

示,而 ρ、g、μ 三个物理量的量纲正是这样相互独立的量纲。这样,上述条件,任一与这三个物理量同时有关的物理量 A 的相似比尺可以表示为

$$\lambda_A = \lambda_\rho^\alpha \lambda_g^\beta \lambda_\mu^\gamma \approx 1 \tag{1.6.2}$$

就是说,如果在地球上采用与原型基本一样的流体做模型实验,要完全模拟自然情况,只能取 1∶1 的模型比尺,换句话说,在这种条件下采用不等于 1 的比尺是不可能实现物理量的相似模拟的。

现在我们所要思考的是能否在现有实验条件下利用模型解决现实中物理现象的相似问题,或者是如果放松某些相似理论上的严格限制,使那些工程中比较重要的物理特性得到复演,而不是复演其全部属性的可能性是否存在。如果这种可能性存在的话,我们仍可以利用模型来获取许多有用的信息。

认为 ρ、g、μ 三个物理量是三个重要的物理特性,但并不是说这三个物理量对任一物理现象的作用都是同等重要的。例如,如果实验的目的是揭示物理现象某些与边界无关的属性,从而边壁的影响可以忽略,这时紊流中水流的运动特性和流体的黏滞性能关系不大,于是,变量可以在相似比尺探讨中不予考虑。这样,必须接受的条件只有两个,即

$$\begin{cases} \lambda_g = 1 \\ \lambda_\rho = 1 \end{cases} \tag{1.6.3}$$

由 π 定理知道,在水力学模型中可以选择三个独立的基本变量,这样还可以再选择一个独立的基本变量,使其比尺不等于 1,如长度比尺 λ_l,从而建立一个缩尺模型。

排除某一变量的影响,为自由选用其他变量的比尺提供了可能的条件,也为在模型设计中获得技术或经济上的便利提供了可能的条件。

这一基本设想还可以进一步拓展。例如,在防波堤结构稳定性研究时,虽然从空间上讲,防波堤结构是三维的,其平面尺寸是有限长的,但在正向波浪作用下,如果防波堤的长度与波长相比足够长,以不考虑其沿波峰方向的变化从而设计一个二维的模型,利用水槽进行防波堤断面波浪实验,而不是在港池中进行实验,从而降低实验的成本。在河工模型中也有类似的问题。考虑一个具有梯形断面的河道,其河宽为 B、水深为 h,河道的宽深比 B/h 非常大,假如仅对河流中间部分的水流特征感兴趣,则没有必要将模型设计为正态模型,即没有必要要求 $\lambda_B/\lambda_h = 1$ 或 $\lambda_B = \lambda_h$,如果放松了这一条件,并使 $\lambda_B > \lambda_h$,这样就有可能使得模型的断面面积减小,从而在模型的建造和运行上较为经济,但这种模型不能用来预报河岸附近的水流条件。

由此可见,以原型(自然)水为模型流体条件下,模型相似准数选择中不能同时选用 ρ、g、μ 三个物理量作为基本变量。

1.6.2　共同作用力的限制条件

波动力学问题,一般可由微分方程来表述。显然,两个相似的波动也必然被同一微分方程所描述,这是波动现象相似的首要条件。

微分方程有一般的解,也有特定的解,某一个特定的波动就对应于微分方程的一个特定的单值解。两个波动现象的相似,就意味着它们具有相似的单值解。造成单值解的条件称为单值条件。

单值条件包括以下几个方面:

(1) 边界条件——波动场的几何尺度,边界的运动情况及边界的性质。

(2) 初始条件——初始时刻的波动情况。

(3) 物性条件——液体的物性,如密度、黏滞系数等。

但只有上述两个相似条件不能保证波动的相似,还必须包括第三个必要的相似条件即有关的相似准数要互等。而组成各准数的物理量中,有的是边界条件或初始条件的因素之一,由这些物理量组成的准数称为相似的条件准数。因此,这些条件准数的相等是相似的必要条件。另一些物理量不属于边界条件或初始条件的,它们与单值条件无关,它们的相等就不是相似的条件,而是相似的结果。比如前面讲到的 Fr, Re, St 准数为条件准数,而 Eu 为结果准数。

综上所述,波动相似的必要和充分条件是:

(1) 相似波动必须由同样的微分方程来描述;

(2) 单值条件相似;

(3) 条件准数相等。

在进行模型实验时,相似条件中前两个条件容易办到,而第三个条件即准数条件是不容易办到的。对于自由表面波动问题,因为同时受重力和黏滞力作用,则从理论上就要求同时满足佛汝德准则和雷诺准则,才能保证原型和模型的相似。

在进行较大规模的模型实验时,一般取同一种流体——水,并且都在地球上而加速度 g 也不变,则由佛汝德准则 $Fr_p = Fr_m$ 得

$$\frac{v_p}{\sqrt{g_p l_p}} = \frac{v_m}{\sqrt{g_m l_m}} \tag{1.6.4}$$

因为 $g_p = g_m$,即 $\lambda_g = 1$,则有

$$\lambda_v = \lambda_l^{1/2} \tag{1.6.5}$$

而由雷诺准则 $Re_p = Re_m$,得

$$\frac{v_p l_p}{v_p} = \frac{v_m l_m}{v_m} \tag{1.6.6}$$

因为水质性质不变,$v_p = v_m$,即 $\lambda_v = 1$,则有

$$\lambda_v = \lambda_l^{-1} \tag{1.6.7}$$

从式(1.6.5)和式(1.6.7)的矛盾可以看出,要使 Fr 数和 Re 数同时满足则要求 $\lambda_l = 1$,这就失去了模型实验的意义。

在实际工程中,为解决这一矛盾,就要对黏滞力的作用和影响作具体深入分析。流体力学中已学过,雷诺数是判别流态的一个标准。在不同的流动形态下,黏滞力对流动阻力的影响是不同的。当雷诺数较小时,流态为层流状态,此时黏滞力作用相似要求雷诺数相等;当雷诺数大到一定程度,成为紊流形态的充分发展阶段后,阻力相似并不要求雷诺数相等,而与雷诺数无关,只要考虑佛汝德数即可,因此在进行模型实验比尺的确定时,要考虑到这个问题,尽量避免 Fr 数与 Re 数的矛盾,使实验真实地反映原型的物理特性。

1.6.3 层流和紊流的界限

由水力学的基本知识可知,在流体运动中,层流运动和紊流运动有质的差别。我们知道,当水流的雷诺数小于某一临界值(Re 的下限)时,水流处于层流状态;当雷诺数大于某一临界值(Re 的上限)时,则水流处于紊流状态。即使仅要求定性相似,在模型中的基本流态也应该与原型一致,否则可能影响到实验成果的正确性。自然中多为大雷诺数情况,但在模型实验中则多为小雷诺数,多年来对于这种实验条件下的结果是否可推广到现实中一直存在分歧。

1.6.4 表面张力

当原型被缩小到一定程度时,水流表面张力的作用可能会增大,从而使水流现象发生扭曲。在重力和表面张力作用下的波浪运动中,无量纲准数是佛汝德数和韦伯数,即

$$f(Fr, We) = 0 \tag{1.6.8}$$

考虑韦伯数相似就是考虑流体表面张力的相似。由式 $\dfrac{\lambda_\rho \lambda_l \lambda_V^2}{\lambda_\sigma} = 1$ 知,这与重力相似也是不兼容的。如果模型与原型的流体基本相同, $\lambda_\sigma = 1$, $\lambda_\rho = 1$ 则得

$$\lambda_u = \lambda_L^{-1/2} \tag{1.6.9}$$

多种相似准数同时存在时,如果不能互相兼容,则要考虑是否有一种相似准数在一定条件下是可忽略的。现在从理论分析的角度看一看在何种情况下表面张力是可以忽略的。

因水汽交界面上的表面张力值(温度为20℃)为 $\sigma = 0.074$ N/m,可得到速度的最小临界值为 0.23 m/s。这意味着,风速小于 0.23 m/s,受表面张力的影响,水面不起波浪(因为波速约为0),换句话说欲在实验中生成波浪,模型波速不能小于 0.23 m/s,相应的波长约为 1.78 cm,其周期约为 0.15 s,水深一般要大于 3 cm。这些是制作水波模型对波速和波周期的限制条件。事实上,实际应

用中对这一要求可能会更苛刻些,当波周期小于 0.5 s 时,表面张力的影响还是存在的,大于 0.5 s 时其影响则很小。其实这样短的周期波,即使能够用造波机产生,由于黏滞作用的影响,其传播距离也是十分有限的。

1.6.5　水流挟气问题

在自然中,水流的速度有时可能较大,在特定条件下的波浪破碎就是一个很好的例子。一般认为水流速度如果大于 15 m/s,流体中挟有大量空气,成为挟气水流,致使其运动特性和运动规律发生变化。水力学模型中,由于按一定的比尺缩小,流速仅为实际的若干分之一,因此一般不可能产生挟气现象,这就导致与自然情况不相一致。这种不相一致的影响在模型实验中也应引起注意。

1.6.6　模型中糙率制作的限制条件

由于场地、经济、模型材料以及其他因素的影响,往往采用大比尺模型,由此难以达到模型实验中糙率相似的要求。这是因为模型在满足几何相似和重力相似的同时,还需要满足阻力相似,其中糙率系数比尺 $\lambda_n = \lambda_l^{1/6}$。由于长度比尺远大于 1,因此往往模型糙率需要较小。例如,水工建筑物一般为混凝土材料,其糙率 n 常为 0.014~0.017,而现在模型实验使用光滑度较好的材料有机玻璃,其制成模型的糙率为 0.008 0~0.009 5,如要达到糙率相似的要求,则长度比尺 λ_l 不得大于 30,而在模型实验中要建这样大型的模型不仅需要很大的场地,花费较多的资金,还影响实验的进程。

模型与原型的糙率如不能达到相似,则实验获得的水面线、过流能力等成果误差较大,甚至失真。如安砂水电站导流隧洞模型实验,采用几何比例尺 1:100 的正态模型,洞身边壁材料采用有机玻璃,底板采用木料涂清漆,模型综合糙率 $n_m = 0.072$ 9,换算为原型为 0.015 7,远小于原型实际糙率 0.039 1。模型施测实验结果与原型观测资料明显不同,不同水位的模型流量值均远大于原型的,特别是在库水位同为 250 m 时,模型流量为 2 000 m³/s,而原型流量仅为 1 100 m³/s,相差近一半,结果完全不符合实际。这说明糙率相似性差异对模型实验结果的真实性的影响是十分明显的。

如何解决这一矛盾? 目前已有一些研究成果,主要有模型降坡法、几何变态法、流量变态法以及理论修正法等,统称为糙率修正。

1. 模型坡降法

阻力相似设计主要满足雷诺相似准则,表征水流惯性力与阻力对比相似。所以,模型坡降法的主要思路是增大模型坡降,即增加模型的水流惯性力,以达到模型水流惯性力与阻力的对比相似。

根据曼宁公式可得如下比尺关系式:

$$\lambda_u = \frac{1}{\lambda_n} \lambda_R^{2/3} \lambda_1^{1/2} \tag{1.6.10}$$

根据重力相似的正态模型,$\lambda_u = \lambda_1^{1/2}$,$\lambda_R = \lambda_1$,代入上式可得

$$\lambda_J = \frac{\lambda_n}{\lambda_1^{1/3}} = \left(\frac{n_p}{n_{m_a}}\right)^2 \frac{1}{\lambda_1^{1/3}} = \left(\frac{n_{md}}{n_{ma}}\right)^2 \tag{1.6.11}$$

式中,n_{md} 表示模型实际糙率,$n_{md} = n_p/\lambda_t^{1/6}$;$n_{ma}$ 是满足重力相似和糙率相似的模型设计糙率。

由上式便可从已知的模型实际糙率和原型获得坡降比尺,从而指导模型坡降增加,通常情况下有 $\lambda_J < 1$。对于满足重力相似和阻力相似的正态模型,很显然有 $\lambda_J = 1$。

假定 ΔJ_m 为模型坡降的增量,则

$$\Delta J_m = \left(\frac{n_{ma}^2}{n_{md}^2} - 1\right) J_p \tag{1.6.12}$$

模型降坡法目前已有较多应用,如龚嘴水电站导流明渠模型、二滩水电站导流隧洞模型等,因为模型只在制作时将坡度增加,具体实验操作与常规相同,且其他比尺保持不变,实验结果换算为原型较为方便和直观。

2. 几何变态法

几何变态法就是采用几何变态模型。变态模型增大模型表面糙率,从而模型水深、流速、雷诺数较大,还可避免表面张力的影响,但模型变态后,模型的流速、比降、流速分布等因素都改变了,因此几何变态模型不可能达到真正的力学相似。

3. 流量变态法

流量变态法实际上是变流速比尺,其基本思路来源于动床模型实验中,如果阻力相似和重力相似难以同时满足,则以阻力相似为主,满足水面线相似,容许重力相似存在偏差。同样,根据满足曼宁公式的阻力相似条件导出流速比尺为

$$\lambda_u = \frac{\lambda_1^{2/3}}{\lambda_n} = \frac{n_{ma}}{n_p} \lambda_1^{2/3} = \frac{n_{ma}}{n_{md}} \lambda_1^{1/2} \tag{1.6.13}$$

由上式可见,只有当 $n_{ma} = n_{md}$ 时,才有 $\lambda_u = \lambda_1^{1/2}$,即重力与阻力同时满足相似。

重力和阻力难以同时满足相似的情况下,以阻力相似设计为主,忽略部分重力相似,是河工模型特别是动床模型常用的方法,应用较为普遍。

4. 理论修正法

针对边界条件较为简单,局部、沿程水头损失容易准确计算的模型,可采用理论计算水面线,然后用于修正物理模型的实验结果。

第 2 章
实验的基础设备

要研究波浪对海岸水工建筑物的作用,首先必须利用机械手段准确模拟海中波浪的真实状态和规律,我们把制造波浪的机械称为造波机。波浪实验一般在室内进行,原因是人工制造的波浪一般较小,容易受到风等自然因素的影响,室内封闭的环境可以将这些不利因素消除,确保制造的波浪有良好的波形和规律性;再者,室内环境可以有效抵御风、雨、雪等环境因素对实验设备的损坏,确保实验设备能长期使用和有效运行。

作为一个现代化的海岸波浪实验室,不仅需要一支具有较高专业技能、扎实的波浪理论知识和实践经验的专业队伍,而且需要有一整套完善的实验设备,本章将简要介绍进行波浪物理模型实验所需的设备。

2.1 实验室

港口航道与海岸工程专业的主要课程有水力学、工程水文学、河流动力学、海岸动力学、港口水工建筑物等,由于课程的知识涉及具体工程背景,因此,各门课程包含相应的课程实验,需要专业的场所和仪器设备完成,这些放置仪器设备的场所就是实验室。实验室是港口航道与海岸工程专业必不可少的基础设施。图 2.1.1、图 2.1.2 和图 2.1.3 分别为中国海洋大学水力学实验室、河流工程实验室和工程水动力实验室。

图 2.1.1　水力学实验室

图 2.1.2　河流工程实验室

图 2.1.3 工程水动力实验室

2.2 实验设备

不同的实验室,为了实现不同的功能要求,包含不同的组成单元,称为基础实验设备。除了水力学实验室的仪器比较小型化,港口航道与海岸工程专业常用的大型设备主要包括实验水池、实验水槽、造波系统、造流系统、生风系统、生潮系统等。

2.2.1 实验水池

平面模型实验水池又称三维实验水池,是进行三维模型实验的场地。要求有较大的平面尺寸和一定的深度,建造时必须进行防渗处理,以保证实验过程中不发生池水泄漏,保持恒定的水位。实验水池配备输水系统,输水系统包括泵站和管道两部分,泵站一般位于水池以外的地下,便于实验过程中随时进、出水,水泵采用电磁阀控制;管道一般沿水池周边布置,位于水池周边的地下,包括管道和廊道两种,管道和廊道间隔一定距离留有出水口,保证全方位进、出水,以防止因制作模型封闭了部分出水口而影响实验用水的进出。

实验水池一般用于近岸一定海区波浪的模拟,适用于整体物理模型实验和局部整体物理模型实验,如港区平面泊稳实验、防波堤堤头、护面块体稳定实验。

　　根据实验室投资规模和用途的不同,各单位采用的水池平面尺寸和深度差别较大。但无论水池大小,都必须保证有一定的水面宽度,避免不良的模拟效果。波浪水池长度应大于 10 倍波长,一般为 30～60 m,水池宽度一般为15～40 m。表 2.2.1 是国内外部分大学所拥有实验水池的主要尺度参数。

表 2.2.1　国内外部分大学的水池尺寸

序号	单位名称	长(m)×宽(m)×深(m)
1	中国海洋大学	60×36×1.5
2	大连理工大学	55×34×1.3
3	河海大学	60×39×1.3
4	浙江大学	70×40×1.5
5	上海交通大学	50×40×10
6	英国爱丁堡大学	25(圆形直径)×5
7	英国普利茅斯大学	35×15.5×3
8	爱尔兰科克大学	35×12×3
9	法国南特中央大学	50×30×5

　　图 2.2.1 为中国海洋大学山东省海洋工程重点实验室的水池。其尺寸为60 m×36 m×1.5 m,配有多向不规则造波系统,共有 75 块 0.45 m 宽推波板,能模拟波周期 0.5～2.5 s、波向范围 0°～±45°、最大波高 0.3 m 的不规则波。

图 2.2.1　中国海洋大学实验水池

　　大连理工大学多功能综合水池,长 55 m,宽 34 m,深 1.3 m,如图 2.2.2 所示。铰接推板造波机分布于水池的三边,分别为 70 块板、40 块板和 10 块板,共计 120 块板,板宽 0.4 m,造波机最大工作水深 0.9 m,最大波高 0.35 m,周期范围 0.5～5.0 s,产生波浪角度范围±45°,可以模拟正弦波和椭圆余弦波等规则波、国内外常用的频谱(包括 P-M 谱、MPM 谱、B 谱、J 谱、文氏谱)以及自定义频谱所描述的不规则波、斜向波和多向不规则波。

图 2.2.2　大连理工大学多功能综合水池

　　河海大学综合性实验港池长 60 m、宽 39 m、深 1.3 m,配有多向不规则造波系统,共有 84 块宽 40 cm、高 80 cm 独立推波板,推波板行程±30 cm,总宽 33.6 m,能模拟波周期 0.5～2.5 s、波向范围 0°～±30°、最大波高 0.2 m 的不规则波,如图 2.2.3 所示。

图 2.2.3　河海大学综合性实验港池

浙江大学海洋学院港工馆的波-流动床浑水港池（图 2.2.4），长 70 m，宽 40 m，深 1.5 m，最大实验水深 1 m，最大流速 1.25 m/s，最大潮差 12 cm，波周期范围为 0.3～5.0 s，波高范围为 0.03～0.30 m。主要由潮汐模拟设备、潮流模拟设备、泥沙动力学设备、移动式造波系统、中央监控系统等组成。

图 2.2.4　浙江大学波-流动床浑水港池

上海交通大学海洋深水实验水池（图 2.2.5），主体长 50 m、宽 40 m、深 10 m，深水区最大工作水深 40 m，直径 5 m。水池具备再现大范围飓风、三维不规则波、各种奇异波浪、典型垂向流速剖面深水流等深海复杂环境的能力；模拟船舶及海洋工程结构物抵御在深海环境中出现的各种力学特性和工程现象的能力；测量分析实验对象在深海环境条件作用下载荷、运动、结构动力响应等的能力。

图 2.2.5　上海交通大学海洋深水实验水池

英国爱丁堡大学圆形波浪水池直径 25 m、深 5 m,包含 240 万升水,可用于模拟高达 28 m 的海浪,耗资 950 万英镑,如图 2.2.6 所示。

图 2.2.6　英国爱丁堡大学圆形波浪水池

英国普利茅斯大学海洋水池长 35 m、宽 15.5 m,活动地板可在 0~3 m 的水深调节。如图 2.2.7 所示。

图 2.2.7　英国普利茅斯大学海洋水池

爱尔兰科克大学波浪水池,长 35 m,宽 12 m,并装有可调节地板,可在 0~3 m 的水深调节,如图 2.2.8 所示。

图 2.2.8　爱尔兰科克大学波浪水池

　　法国南特中央大学水池,长 50 m,宽 30 m,最大深度 5 m,如图 2.2.9 所示。

图 2.2.9　法国南特中央大学水池

　　水池首尾两端应设消波装置。有斜向波反射时,水池的两侧也应设消波装置。水池采用的消波装置一般由框架、消波网组成,如图 2.2.10 所示。该消波装置是经过测定反射率后确定的型式,它由不锈钢柱构成方形框架,框架内填充塑料制成的消波网,间隔布置。为便于实验中移动,消波装置尺寸不宜过大,一般宽度为 1 m 左右。各实验室的消波装置有一定差异,但其作用是相同的。

图 2.2.10 水池的消波装置

2.2.2 实验水槽

实验水槽用于断面模型实验,也称二维模型实验,主要研究正向波浪对水工建筑物的作用规律。相当于在垂直于建筑物轴线方向的波浪作用下,取一定宽度的建筑物进行研究。实验水槽通常不需很宽,但也不宜小于 0.5 m,而长度较长,其有效长度一般大于 10 倍波长。

实验水槽一般由水槽、造波系统和消波装置组成。水槽一般采用钢化玻璃制作,玻璃板间用角钢连接和支撑,目的是便于观察实验中发生的现象,为了不阻碍波浪在水槽内的传播,水槽两侧壁与水槽中轴线必须绝对平行,安装时允许偏差为 ±2 mm。造波系统一般为单向不规则造波机,其结构和原理与实验水池配备的造波机一致,水槽首、尾两端均安装有消波装置,末端安装消波装置是为了确保实验波浪的准确,同时避免水槽末端直墙对波浪的反射,要求能消除 90% 以上的反射波,首端安装消波装置是为了消除造波机后方水体运动时产生的波浪,确保造波板运行平稳。水槽的消波装置一般由立式消波器或碎石(或钢丝圈)组成,碎石(或钢丝圈)为斜坡式布置。

由于水槽宽度较窄,在进行结构实验时,由建筑物形成的反射波容易在造波板处形成反射波,反射波与造波系统生成的波浪迭加后传播至建筑物,致使入射波因变大而失真,从而导致实验波发生变化,影响实验结果的真实性。这种现象称为二次反射。要消除二次反射的影响,除安装吸收式造波系统外,另一个措施是将水槽实验区(即安装模型的区域)分隔为两部分,一部分用于安装实验模型,另一部分用于消能。为有效发挥消能区的作用,其宽度一般为模型区的两倍或三倍。

实验时,水工建筑物模型一般布置在水槽中、后段,原因是由造波系统生成的波浪的波形在水槽中、末端最稳定,并且模型远离造波板,可有效减小二次反射的影响。

由于水深条件的限制,建筑物模型区往往不能产生要求的波浪要素,为此,一般将模型区的池底抬高,抬高的池底和原池底间用斜面连接,该斜面的坡度不应陡于1∶15。

表2.2.2是国内部分大学所拥有实验水槽的尺寸。

表2.2.2　国内部分大学实验水槽尺寸

序号	单位名称	长(m)×宽(m)×深(m)
1	中国海洋大学	60×3×1.5
2	中国海洋大学	30×1×1.2
3	大连理工大学	60×4×2.5
4	大连理工大学	69×2×1.8
5	河海大学	85×1×1.5
6	河海大学	76×1×1.5
7	河海大学	17×1.2×0.6
8	浙江大学	16×0.5×0.5
9	浙江大学	75×1.8×2

图2.2.11为中国海洋大学山东省海洋工程重点实验室的实验水槽,水槽长60 m、宽3 m,安装有推板式电机驱动的单向不规则造波系统。

图 2.2.11　中国海洋大学宽断面波流水槽

中国海洋大学波流水槽,水槽长 30 m、宽 1 m、深 1.2 m,如图 2.2.12 所示。

图 2.2.12　中国海洋大学波流水槽

大连理工大学非线性波浪水槽,长 60.0 m,宽 4.0 m,深 2.5 m,工作水深 0.2~2.0 m,周期范围 0.5~5.0 s,液压伺服不规则波造波系统,微机控制及数据采集系统,2 台 1.0 m³/s 轴流泵的双向流场模拟系统,如图 2.2.13 所示。

图 2.2.13　大连理工大学非线性波浪水槽

大连理工大学大波流水槽,长 69 m,宽 2 m,深 1.8 m,配有自主研发的吸收式不规则波造波机,微机控制与数据采集系统及 2 台 0.8 m³/s 轴流泵的双向造流系统,如图 2.2.14 所示。

图 2.2.14　大连理工大学大波流水槽

河海大学风浪流实验水槽，长 85 m，宽 1.0 m，高 1.5 m，配有带二次反射波全吸收装置的伺服电机型水槽不规则波浪造波系统、循环水流系统、加风系统，能模拟最大波高 0.3 m、波周期 0.5～5 s 的不规则波，模拟最大流速 0.5 m/s（0.5 m 水深条件下）、最大风速 15 m/s，能进行风、浪、流共同作用或单独作用下的物理模型实验，如图 2.2.15 所示。

图 2.2.15　河海大学风浪流实验水槽

河海大学本科实验教学平台拥有不规则波实验水槽 1 座（长 76 m，宽 1.0 m，高 1.5 m，最大波高 0.30 m，波周期 0.5～3 s），弯道水槽 1 座（长 17 m，宽 1.2 m，高 0.6 m，弯道半径 3 m），如图 2.2.16 所示。

图 2.2.16　河海大学不规则波实验水槽和弯道水槽

浙江大学海洋学院近海馆推移质水槽,长 16 m,宽 0.5 m,高 0.5 m,变坡 2‰(泥沙厚度允许偏差≤0.1 mm),最大流量 120 L/s,最大实验水深 0.4 m,造流的允许偏差≤0.02 m/s,如图 2.2.17 所示。

图 2.2.17　浙江大学推移质水槽

浙江大学海洋学院 U 形折叠往返式水槽,出水直段长 16 m、进水直段长 12 m,宽 0.4 m,高 0.4 m,内弯半径 1.4 m,全段固定坡度 0.5‰,最大流量 150 L/s,造流的允许偏差≤0.02 m/s,如图 2.2.18 所示。

图 2.2.18　浙江大学 U 形折叠往返式水槽

　　浙江大学海洋学院大型断面实验水槽,长 75 m,宽 1.8 m,高 2.0 m,最大实验水深 1.5 m,最大流量 0.8 m³/s,造流的允许偏差≤0.03 m/s,波周期范围 0.5~5.0 s,波高范围 0.02~0.60 m,如图 2.2.19 所示。

图 2.2.19　浙江大学大型断面实验水槽

　　德国汉诺威大学大型波浪水槽,长度约为 330 m,宽度为 5 m,深度为 7 m,是全球同类设施中最大的设施之一,可以对波浪进行完全可控的大规模测试。活塞式造波器的最大行程为 4.0 m,并具有主动吸波系统,可以产生规则波、聚焦波和孤立波,其波高超过 2 m(聚焦波为 3 m),如图 2.2.20 所示。

　　德国汉诺威大学的水槽属于大比尺水槽,主要研究波浪基础理论、波浪作用结构受力、稳定性和破坏机理、泥沙运动方面和新型防

图 2.2.20　德国汉诺威大学大型波浪水槽

浪结构物的开发等方面的研究。与常规小型水槽相比,其可以模拟比尺范围为
1∶(1~5)的模型,更接近原体,在模型的相似率、机构的变形、环境荷载的真
实性等方面具有不可比拟的优势,可以解决小水槽不适宜解决的波浪-结构-地
基之间的相互作用、防波堤结构及护面块体的稳定性以及海洋能源的开发利用
等方面的问题,甚至可以替代较小尺寸的新型结构物、海洋装备、新型海洋材料
等相关学科的海试实验。表 2.2.3 为世界著名大比尺波浪水槽的主要尺度。

表 2.2.3　世界著名大比尺波浪水槽的尺寸

水槽所在单位	长度(m)	最大深度(m)	宽度(m)	造波能力(m)
德国汉诺威大学	330	7.0	5.0	2.5
中国台湾成功大学	300	5.0	5.0	1.5
荷兰代尔夫特研究所	233	7.0	5.0	2.5
日本港湾空港研究所	185	11.0	3.5	3.5
日本东京电力研究所	180	6.0	3.4	2.0
美国俄勒冈州立大学	104	4.6	3.7	1.3
俄罗斯彼得堡水力研究所	110	7.5	4.0	2.0
西班牙 Calalonialigong 大学	100	5.0	3.0	1.6
中国天津水运工程科学研究院	450	12.0	5.0	3.5

我国于 2015 年在天津水运工程科学研究院大型水动力实验基地建成了大
比尺波浪水槽(图 2.2.20 和图 2.2.22),并进行了造波能力测试。测试共进行
了 3 组,分别产生了波高为 1.0 m、3.2 m 和 3.5 m 的波浪,是目前世界上最大、
造波能力最强的大比尺波浪水槽。其长 450 m、宽 5 m、深 8~12 m,能产生
3.5 m 的波浪和 1 m/s 的水流。该水槽已成为具有国际领先水平的水运工程基
础理论研究设施,主要应用于波浪非线性理论及特性研究、泥沙起动机理及垂
向分布规律研究、波浪-地基-结构物相互作用研究、防波堤破坏机理研究与性
能评估、应急消浪技术研究与新结构开发等方面的研究。

图 2.2.21 天津水运工程科学研究院大型水动力实验基地大比尺波浪水槽

大比尺波浪水槽的应用前景主要在以下 5 个方面：

（1）突破比尺效应，进行基础理论研究，为数学模型、理论分析提供依据。控制模型比尺可最大限度地消除比尺效应的影响，从而得到更为真实的实验数据和实验现象，这些都可以为数学模型以及理论分析提供依据。

（2）进行结构破坏性研究，为防波堤的破坏评估提供依据。近年来频现的恶劣天气产生的极端波浪对海岸工程造成了极大的威胁，借助大比尺波浪水槽，可在实验室对结构进行破坏性实验，检验块体、沉箱、胸墙等结构的稳定性，进一步根据不同结构的破

图 2.2.22 大比尺波浪水槽冲刷实验

坏形式分析破坏机理,从而为防波堤的破坏评估提供依据。

(3) 进行海堤的越浪研究,为安全防护和防灾减灾提供依据。在海洋波浪场中,防波堤不但受到波浪的冲击,在大浪作用下还会出现严重的越浪,往往造成巨大的经济损失,因此防波堤的越浪量不但是防波堤结构和断面设计的关键因素之一,也是衡量防波堤防浪效果以及评价堤后安全的重要参数。国外学者多采用大比尺波浪水槽进行接近原体的实验,检验越浪对防波堤结构及对人体的冲击作用。借助天科院大水槽进行海堤的越浪研究,可确定不同的越浪标准,从而为港口码头及沿岸设施的安全防护和防灾减灾提供依据。

(4) 进行泥沙问题研究,探讨运动机理,寻求减淤方法。泥沙模型实验中,除重力相似条件外,摩擦力相似、黏性力相似也会对泥沙的起动、输移、沉降产生影响,这些影响在小比尺的模型实验中会产生较为明显的比尺效应。借助大比尺波浪水槽,可以模拟接近原体的泥沙问题,从而探讨运动机理,寻求减淤方法。

(5) 进行波浪与地基基础相互作用研究,探索地基失效引起的建筑物破坏机理与改善措施。恶劣水文条件下,波浪对结构物的作用远超过正常天气条件,尤其在软土地基情况下,更容易发生结构与地基失稳。波浪作用下结构与地基特别是软土地基失稳机理的研究作为港口海岸工程学科的前沿课题,一直是各国学者和工程技术人员研究的热点和难点,利用大比尺波浪水槽铺砂段进行波浪与地基基础相互作用实验,是大比尺波浪水槽设计的主要功能之一。

大比尺波浪水槽的建设填补了中国大陆地区在大比尺波浪水槽研究领域的空白,其将用于突破海岸工程建设中涉及波浪特性、结构安全、波浪-地基-建筑物相互作用及防灾减灾等基础理论和技术的制约,从而形成强大的自主创新能力,成为我国水运交通、海洋、水利以及国防等相关领域基础理论的研究基地,研究成果必将推动我国海洋工程事业的发展。

2.2.3 造波系统

造波系统是波浪物理模型实验的主要设备,其功能是利用机械原理,通过计算机控制电机或液压系统推动造波板,制作出实验所需的波浪。

实验室造波技术随着科学技术的发展而不断进步。20 世纪 60 年代以前,波浪模型实验全部采用规则波,随机的海域自然波况被简化为以有效波高 $H_{1/3}$ 及相应的波周期 $T_{1/3}$ 为特征的波。产生这种规则波的设备常见的有击块式、提水式等。此后,随着计算机技术的应用,不规则波造波机研制成功,这种造波机不仅可以很好地模拟波列中不同累计频率的波高和周期,而且可以同时制作多个方向的波浪,并有较强的操作性,使造波系统由单纯的机械式向人工智能化发展,节省了大量的人力,且使实验周期大大缩短。测量仪器、数据采集及处理技术也有了较大的改进,使模型实验的精度有了很大的提高。

用于波浪物理模型实验的造波机必须保证能产生波形平稳、重复性好的波浪,这样才能在实验中找出波浪对实验建筑物的作用规律。

1. 造波机的分类

就造波机的动力系统而言,目前国内实验室常用的造波机有两种:一种是液压伺服多向不规则波造波机,该造波机的原理是利用伺服阀控制液压油缸,推动造波板产生不规则波,并利用相位差生成不同方向的波浪;另一种是低惯量直流电机式多向不规则造波机,该造波机利用电磁阀控制电机,推动造波板产生不规则波。两种造波机均由计算机控制,操作极为方便,通过输入谱型、有效波高、有效周期、水深和随机因子等数据,即可制作出符合要求的波浪。如果实验需要规则波,那么操作更加简单,只需输入波高和周期就可以了。

按扰水器生波方式(蔡守允等,2008)可分为:

(1) 推板式造波机。通过电机,使滚丝杠转动转化为推板负载在导轨上的直线运动。波高取决于推板的冲程和速度,周期取决于往复的频率。

(2) 摇板式造波机。通过机械驱动使摇板绕固定轴往复摆动,使水池中的水产生波动,波高由摇板的摆动振幅控制,波长或周期由摆动频率确定。

(3) 冲击式造波机。其造波部件为断面呈特殊形状的冲体,通过该柱体沿垂直水面方向做往复运动达到造波的目的。波长由冲体物上下振动的周期决定。

以上三种造波机的造波原理如图 2.2.23 所示。

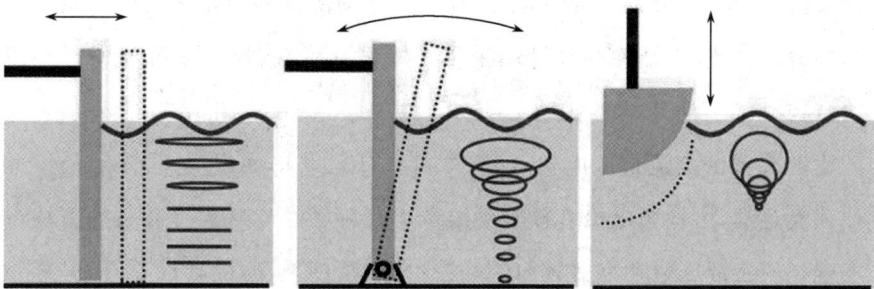

图 2.2.23　推板式造波机、摇板式造波机、冲击式造波机造波原理示意图

(4) 空气式造波机。空气式造波机(图 2.2.24)依靠附加在钟罩所限制的水域上,并随时间做周期变化的空气压力制造波浪,该造波机备有鼓风机做气

源,鼓风机通过管路与钟罩相连接。钟罩内的空气压力靠配气阀门来实现周期变化,因此波浪的周期与阀门摇动的周期相等,波长与阀门的工作周期和水深有关。该造波机目前较少用于科研设备中,多见于游乐场所。

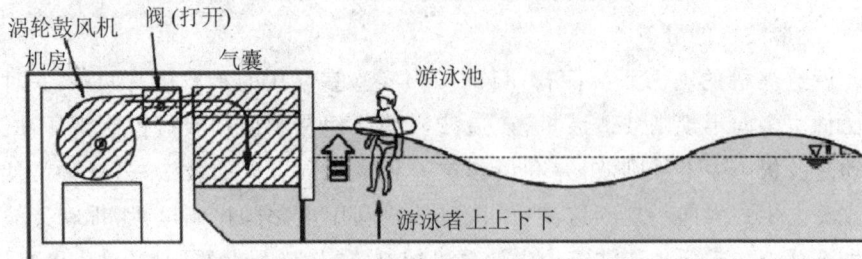

图 2.2.24　空气式造波机造波原理示意图

2. 造波机工作原理

造波系统主要由机械装置、驱动系统、控制系统波高仪、造波水槽及消波装置五部分组成。

以最常见的推板式造波机为例,机械装置主要包括推波板及其框架、推波板连接架、机体、支撑横梁、防尘盖等,这部分是依据波浪理论和拟实现波浪的技术指标来设计的产生波浪的金属结构件。波浪的产生是靠推波板的往复运动来实现的,波高取决于推波板的行程和速度,波长则取决于往复运动的频率。

造波机工作中的惯性力是有害的,应尽量减少惯性力。由于水深和造波机运动参数是由实验项目决定的,故只有降低运动部件的质量和转动惯量才能减小惯性力。为此,在结构的设计中采用了刚度强、结构尺寸小容易保证加工精度的结构。

驱动装置由交流伺服电机、滚珠丝杠直线运动单元组成,直线运动单元的直线往复运动,由伺服电机直接驱动滚珠丝杠旋转经丝杠螺母转化为直线运动来实现。较之液压驱动有多方面的好处:控制精度更高,随动性更好;可靠性更好,维护简单,没有漏油问题,运行中无环境污染;结构更紧凑,占地面积小;效率高、节省能源,只有在电机运行时才耗电,等待执行时间不耗费能源。

交流伺服电机的主要优点是体积小,重量轻,无碳刷,转动惯量小,动态响应快,传动精度高,运行可靠,能很好地满足规则波及不规则波的造波要求。交流伺服驱动系统为闭环控制,驱动器直接对电机编码器反馈信号进行采样,内部构成位置环和速度环,因此不会出现电机的丢步或过冲的现象,控制性能更为可靠,使得造波机能够十分精确地控制波浪的周期。交流伺服电机的加速性能好,能很好地满足不规则波的波浪谱的要求。

当伺服电机的转速和转向改变时,推波板的运动幅度和频率也随之改变,因此波浪的幅值和频率同时改变,从而达到调频调幅的目的。实验中要模拟一个波谱时,首先根据目标谱(实测谱或理论拟合谱),利用反傅里叶变换将其展开成一个时间序列值控制信号,经计算机专用运动控制接口将其转换成不规则的位置脉冲控制信号,送给伺服电源,驱动伺服电动缸,带动造波摇板做相应的推挽运动,推动水体产生波列,伺服电机编码器实时测出推板的运动轨迹,并反馈到运动控制器,以确保推波板能准确地跟踪计算机给定信号运行。造波的同时,波高仪将波浪物理量转换成电量信号送 A/D 转换器进行数据采集。一般情况下,每次谱模拟不要少于 120 个波。

由于传递函数拟合时产生的误差及机械系统的影响,很难一次模拟成功,必须按以下公式修正:

$$S^*(\omega) = S(\omega) + \alpha[S(\omega) - DS(\omega)] \tag{2.2.1}$$

式中,$S^*(\omega)$ 表示修正后的控制谱;$S(\omega)$ 表示实测模拟谱;α 为修正参数;$DS(\omega)$ 为目标谱。

按重新计算的电压时间序列值,再一次控制造波机造波,分析比较,直至得到理想的模拟谱为止。一般情况下经过 2～5 次修正就基本成功。谱模拟控制过程如图 2.2.25 所示。

```
        ┌──────┐
        │ 开始 │
        └──────┘
            │
    ┌───────────────┐
    │ 拟定不规则波谱 │
    └───────────────┘
            │
    ┌───────────────┐
    │ 造波板驱动波形谱 │
    └───────────────┘
            │
    ┌──────────────────┐
    │ 造波板驱动信号（波形）│
    └──────────────────┘
            │
    ┌───────────────┐
    │   造波实验   │
    └───────────────┘
            │
    ┌──────────────────┐
    │ 波浪实测信号采集分析 │
    └──────────────────┘
            │
    ┌───────────────┐
    │ 实测波波谱分析 │
    └───────────────┘
            │
    ◇ 与目标谱比较满足误差要求 ◇
```

修正给定的波浪

否　　是

结束

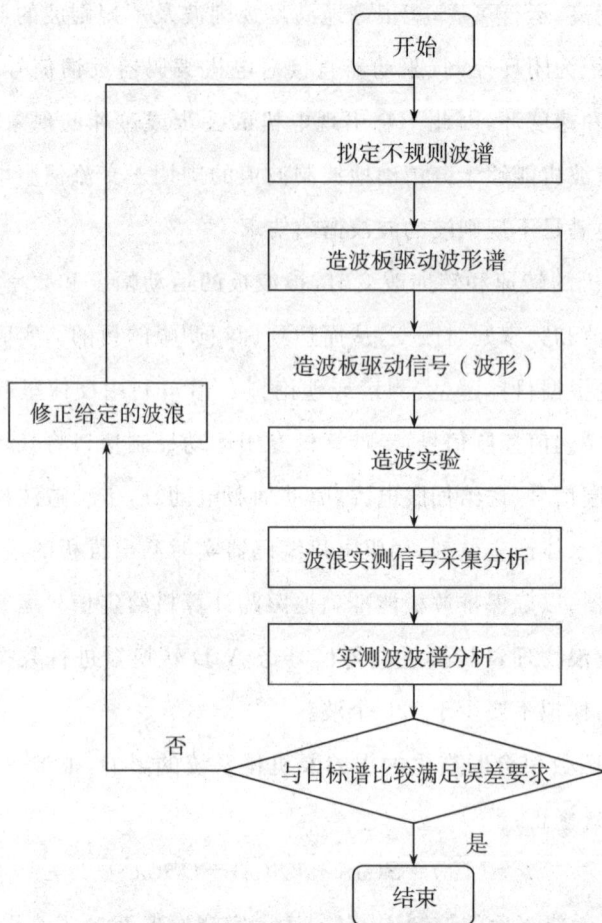

图 2.2.25　不规则波模拟控制过程图

2.2.4　造流系统

造流系统由双向造流泵、变频器、造流管路、均流箱和计算机控制系统组成。图 2.2.26 是中国海洋大学海洋工程重点实验室宽断面波流水槽造流系统示意图,该系统用双向造流泵配备双向变频电源,用计算机自动控制产生双向流场。水管放置在过道的下边,比传统的多阀门调流向方法,节省了大量空间。此造流模拟系统可以进行双向流速模拟,由两台双向水泵实现。整个造流系统由造流控制软件控制。当开始造流时,控制软件首先根据造流模拟参数确定的流量,选择造流水泵,并发出相应的阀门控制信号。该阀门控制信号通过端口输出给阀门控制箱里的继电器板,控制相应的阀门操作。阀门开关状态到位后,程序启动相应的造流水泵。程序根据造流实验的流速要求,计算出控制电流,由 PCI 卡端口传输给变频器,控制水泵的转速,从而模拟相应流速的水流。当需做反向流时,程序通过 PCI 卡控制变频器的正、反转控制端,发出反转命令,水泵将开始反向造流,流速大小仍由电流输出控制。模拟造流可以通过计算机自动控制或者手动调节产生双向流场。在实验区,可以通过计算机自动控制,模拟双向变速流场。例如,可以得到一个流速按正弦规律变化的流场。也可以通过更改变频器设置,操作变频器面板按键,进行手动控制造流,此时比较适合模拟固定流速的流场。

波流模拟系统配备了多功能应用软件,可以进行单独波浪模拟,单独流场模拟,波、流同步迭加模拟,满足各种实验使用要求。

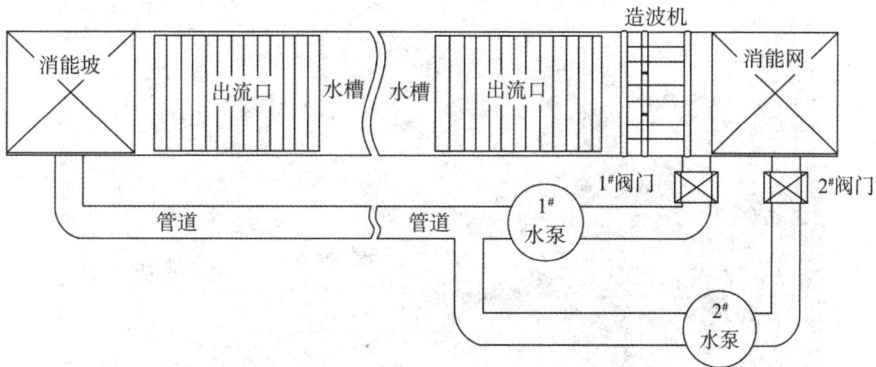

图 2.2.26　中国海洋大学海洋工程重点实验室宽断面波流水槽造流系统示意图

图 2.2.27　造流系统

2.2.5 生风系统

生风系统由风道和鼓风机组成,设置在波浪水槽或水池上方(图 2.2.28)。对于前者,通常在水槽上加盖使之形成风洞,风洞可以是矩形或半圆形。为了保证实验断面风速稳定,水槽长度一般不短于 30 m,进风口置于水槽一端,风洞内的风速由伺服电机控制。

图 2.2.28　风浪水槽生风系统

风的流动方向通常与波浪传播方向一致,根据鼓风机放置位置分为吸风式和吹风式。

吸风式:将风机设置在出口处,从洞内吸风的布置,只要将进口喇叭口形状布置得当,当气流进入风洞即达到均匀分布的目的,尾部吸风的布置构造较简单而常被采用。但吸风式风洞要求洞身必须密不透气,因洞内压力低,边壁有任何向内漏气都会影响洞内风速分布,造成实验误差。

吹风式:风机安装在风洞进口处,向洞内吹风,进口布置较为复杂,需配置整流、稳流和导流等辅助设备。但洞内压力较高,对风洞的密闭性要求相对低一些。

水池中难建风道,因此一般使用由单体风机组成的风阵来模拟海上风浪,如图 2.2.29 所示。

图 2.2.29　风阵

2.2.6　生潮系统

（1）潮汐箱式。潮汐箱式潮汐仪（图 2.2.30）是由空气压缩机在潮汐箱内形成压缩气体，通过伺服电机控制气压调节阀，使箱内水体被压出或吸入，从而控制模型中水面的变化，获得需要的潮汐水流。潮汐箱式潮汐仪模拟精度高，稳定性好，但结构较复杂。

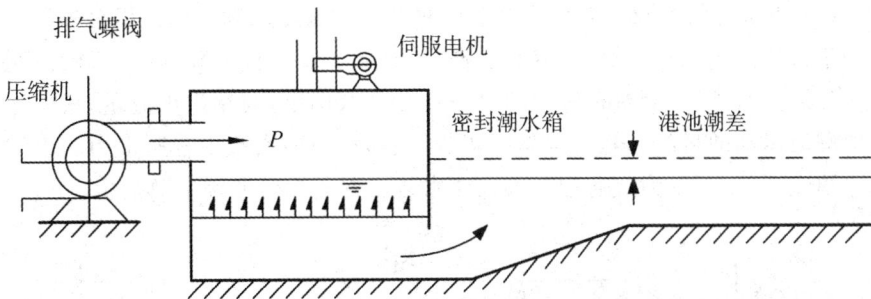

图 2.2.30　潮汐箱式潮汐仪原理图

（2）水泵尾门式。水泵尾门式潮汐仪如图 2.2.31 所示，由水泵控制进水流量，尾门控制出水流量及水位变化，从而达到模拟潮汐的目的。水泵尾门式潮汐仪适合于潮差变化较大的情况。

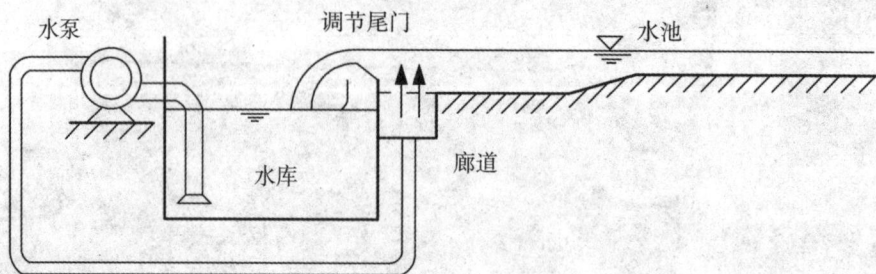

图 2.2.31　水泵尾门式潮汐仪原理图

（3）双向泵控制流量式。双向泵控制流量式潮汐仪如图 2.2.32 所示，由计算机控制多台双向泵的进出流量，从而达到模拟潮汐的目的。双向泵式潮汐仪主要适用于潮差较小和水流条件较复杂情况。

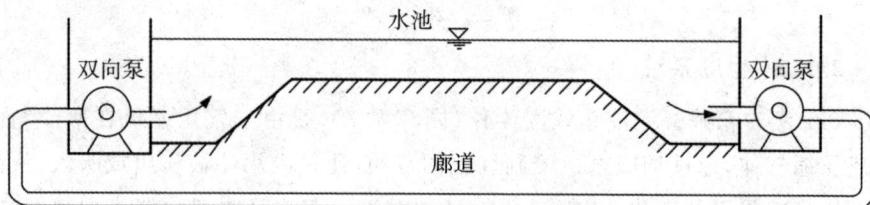

图 2.2.32　双向泵控制流量式潮汐仪原理图

（4）水泵尾门和双向泵组合控制流量式。水泵尾门和双向泵组合控制流量式潮汐仪如图 2.2.33 所示。在模型的一端由水泵控制进流量，计算机控制尾门水位及出水流量，同时在模型的另一端配备双向泵，控制进出流量，从而达到模拟潮流运动的目的。其特点是可调节性强，是模型实验中普遍采用的生潮方式。图 2.2.34 所示为交通运输部天津水运工程科学研究院生潮系统。

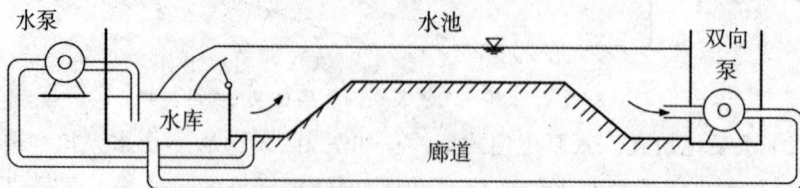

图 2.2.33　水泵尾门和双向泵组合控制流量式潮汐仪原理图

图 2.2.34　天津水运工程科学研究院生潮系统

第 3 章
常用的实验仪器

    测量仪器在物理模型实验中起着至关重要的作用。从某种意义上讲,测量仪器决定着实验的成败。因为对于实验结果的判断依赖于两点:一是实验过程中观察到的实验现象,二是实验中测得的实验数据。前者是判断结构稳定的主要手段,如斜坡堤护面块体稳定实验,后者是对结构进行受力特征分析的主要手段,如沉箱迎浪面的波浪力和底部浮托力的测量。对于后者,用眼睛很难做出判断,只能依靠实验中测得的数据进行分析。如果测量仪器测得的数据准确、精度高,对数据进行分析后给出的结论是正确的,否则将会做出错误的判断,从而对实验的可靠性产生不利影响。

    物理模型实验中使用的测量仪器应满足下列要求:

    (1) 置于水中的传感器不应破坏波形和流场。

    (2) 测量系统应满足灵敏度和稳定性要求。在满足量程条件下 2 h 内的零漂允许偏差应为 ±5%,波高传感器线性允许偏差应为 ±2%,总力仪、波压仪和波动流速仪的线性允许偏差为 ±5%。

    (3) 测波浪力时,测力系统的自振频率不宜小于测力频率的 4~6 倍,不规则波的测力频率宜取高频一侧力谱能量为总能量 30% 处的频率。不满足要求时,应按下列公式修正:

$$F = \mu F_i \tag{3.0.1}$$

$$\mu = \left[\left(1 - \frac{\omega^2}{\omega_0^2} \right)^2 + \left(2\varepsilon \frac{\omega}{\omega_0^2} \right)^2 \right]^{1/2} \tag{3.0.2}$$

式中,F 为修正后的力(N);F_i 为实测的力(N);μ 为修正系数;ω 为作用力的圆频率(rad/s);ω_0 为未考虑阻尼时测力系统的自振圆频率(rad/s);ε 为测力系统阻尼系数(s^{-1})。

    物理模型实验常用的测量仪器主要有波高传感器、波压仪和流速仪。测量仪器一般包括三部分,即传感器、放大器和记录器,工作原理都是将电信号转换成某一物理量。传感器是其中最关键的部分,而传感器最重要的是分辨率,即对水温和水质变化的稳定性,以及在测量范围内保持线性。

下面对三种常用的仪器进行简要的介绍。

3.1 波高测量仪器

在海岸工程实验中,进行水面波动即波高测量是必不可少的。一般使用变参数式传感器来测量,测量波高的传感器主要有电阻式和电容式两种。电阻式传感器由于传感器的两个电极,在水中易于极化,测试时间较长时,率定系数发生变化,所测波高参数就不稳定。因此,目前多使用电容式波高传感器。

电容式波高传感器(图 3.1.1)常用钽丝或聚乙烯电线做成。其没入水中时,中心的金属导线为一个电极,水位作为另一个电极,形成一个电容器。它的电容量与传感器没入水中长度成正比。若传感器位置固定不变,则水位的变化将引起电容量的变化,经过集成电路转换为电压的变化,这种变化被智能数据采集仪捕捉,经 A/D 转换,传入电脑处理,记录为波高值。

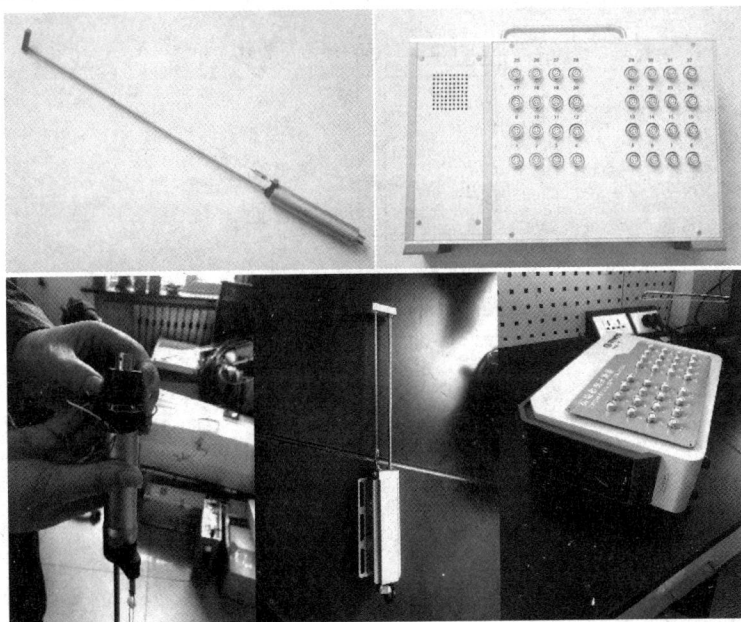

图 3.1.1　波高传感器和智能数据采集仪

电容式波高传感器是在一个弓形扁平钢片两端紧绷一根直径 1 mm 的漆包线。在弓形钢片上端留有安装孔及信号接插座,漆包线和扁平钢片之间构成

一个电容器,其电容大小为

$$C_x = \varepsilon S / d \qquad (3.1.1)$$

式中,C_x 表示电容器电容量;ε 表示电容介电常数;S 表示漆包线右半部外表面积;d 表示漆包线与钢片间距离。

传感器浸入水中(图 3.1.2),电容器容量等于两个介电系数不同的电容器并联,即

$$C_x = \frac{\varepsilon_1 S_1}{d} + \frac{\varepsilon_2 S_2}{d} \qquad (3.1.2)$$

式中,S_1 表示浸入水中漆包线右半部外表面积;S_2 表示水面上段漆包线右半部外表面积;ε_1 表示水的介电常数;ε_2 表示空气介电常数。

由于 $\varepsilon_1 = 81.5$,$\varepsilon_2 = 1.0006$,$\varepsilon_1 \gg \varepsilon_2$,故认为式(3.1.2)的第二项可以忽略,即

$$C_x = \frac{\varepsilon_1 S_1}{d} = \frac{\varepsilon_1}{d} \cdot \frac{1}{2} \pi \varphi H_x = \frac{\pi \varphi \varepsilon_1}{2d} H_x = K H_x \qquad (3.1.3)$$

式中,$K = \dfrac{\pi \varphi \varepsilon_1}{2d}$;$\varphi$ 表示漆包线直径;H_x 表示漆包线浸入水中的长度。

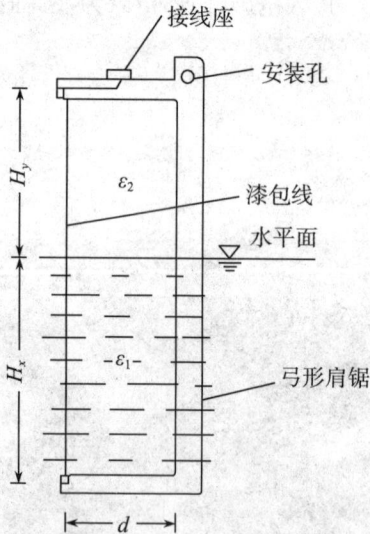

图 3.1.2　波高传感器示意图

由于 φ,ε_1,ε_1 均为常数,所以传感器的电容量与浸入水中的传感器长度成正比,也就是说该传感器是一个可随水面浪高大小变化而变化的电容器。

实际上,导线的直径和绝缘层的厚度,都是固定不变的常数,因此,电容量只与传感器在水中的长度成正比。如果传感器的位置固定不变,那么水位的变化,将引起电容量的变化。电容量的检出电路,就设在传感器的上端。这个电

路由振荡器、开关电路和电泵组成,电泵把电容器上的电荷,提升到负载电阻上,在负载上形成一个直流电压降,这个电压降与传感器在水中的长度成正比。

波高传感器在测量时可以不调零,因为在波高和周期的分析计算时,与调零无关。但是,若进行波面数据处理,就必须调零,如计算波峰和波谷值时。波高传感器调零时,应在造波之前的静水中进行。

传感器的电容量,受绝缘层材料的物理特性影响,会产生测量误差,主要有以下三方面:

(1) 水温度的变化:会使绝缘层材料的介电常数发生改变,因而使电容量变化,为了减小由于水温度变化引起的测量误差,应配置水温度传感器,测量水的温度,修正水位数据。如果水温度误差为 $1.0 \, ℃$,水位的误差约为测量值的 1%。

(2) 绝缘材料的浸水特性:当表面干燥的传感器进入水中时,它的粗糙表面不能立刻全部被水浸润,还会有一些微小的气泡附着在上面。但是过一段时间这些小气泡破裂,传感器表面全部被水浸润。这个变化过程,相当于绝缘层的厚度由厚变薄,相应的电容量由小变大,因此也产生测量误差。这一变化过程的时间很长,往往要几个小时才能稳定下来。这个误差是无法校正的,不超过满量程的 1%。这是影响水位测量精度的主要因素。

(3) 水的张力:由于表面张力的影响,当水面上升时,在导线周围的水面呈现凹状,当水面下降时,则呈现凸状,这就使传感器的测量值减小,一般减小 $0.1 \sim 0.2 \, cm$。这个误差在小波高情况下,影响非常明显,有时会出现波形平顶现象。

波高传感器在一般情况下,不需要重新率定。但是,由于元器件的老化变质,使灵敏度系数改变,就必须重新率定。当然,为了保证实验数据的可靠性,波高传感器在使用前应利用测量软件进行率定(测量程序中有率定按钮),具体方法是:

(1) 将波高传感器与采集盒、计算机连接。

(2) 打开波高测量程序,进入程序主界面。

(3) 逐个输入需要率定波高传感器号码、测量并输入率定箱内水温。

(4) 对波高传感器进行硬件调零(波高传感器位于空气中)。

(5) 点击进入波高传感器率定程序。

(6) 将使用的波高传感器放入率定箱内的水中(波高传感器没入水的深度应大于波高传感器的率定长度),静置 30 min(仪器预热)。

(7) 输入率定箱内水位高度(水位标尺上的刻度),按确认键。

(8) 打开率定箱的放水开关慢慢放水,放水高度为 $3 \sim 5 \, cm$,要求放水高度准确,待水位平稳后输入率定箱水位高度(水位标尺上的刻度),并按确认键。

(9) 按步骤(8)的方法逐次放水,总放水次数为 7～14 次(不能少于 7 次)。

(10) 结束率定。此时计算机将自动绘出每个波高传感器的水位变化曲线,同时列出每次输入的水位和仪器的测定值,给出每次的差值。率定结果示意图见图 3.1.3。此差值的允许范围为 ±1 mm,如果超出该范围说明仪器精度不够,应弃用。

(11) 确认无误后,将率定系数存盘。之后在使用某波高传感器时必须使用该率定文件。

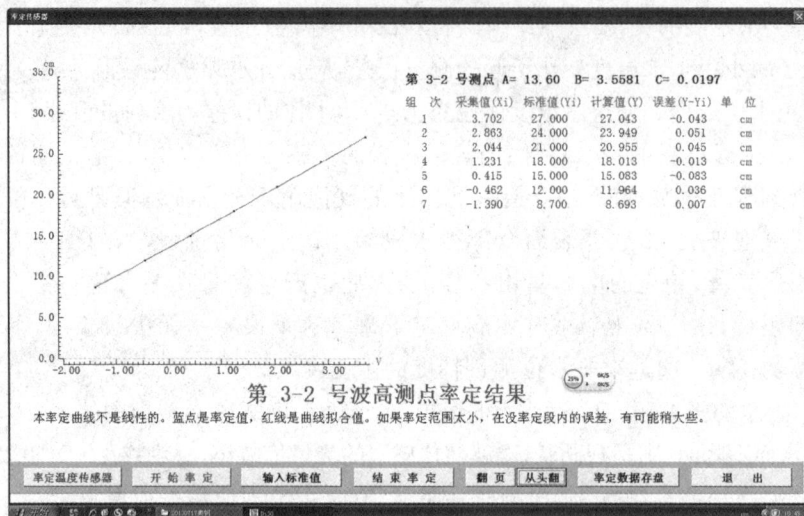

图 3.1.3 波高传感器率定结果示意图

为了解波高传感器的工作状态,确保测量数据的准确,实验过程中要定期对波高传感器进行校核。校核方法是在水面静止的时候对所有波高传感器定零,然后将实验水池内的水放掉一定高度,查看波高传感器显示的数据是否与此一致,如果一致,说明波高传感器工作正常,否则说明仪器出现故障或精度不够,应及时更换。

电容式波高传感器测量时需要注意以下几个问题:

(1) 为了确保测量的准确,建议实验前务必重新标定,检查水位数据采集误差是否在合理范围内,因为在安装拆卸和放置时有可能会触碰到金属导线,使其松紧度变化,造成漆包线直径 φ 或浸没长度 H_x 变化,若以原率定系数测量误差会变大。

(2) 注意波高传感器量程,若实验中水位变化较大,有可能会超出传感器量程,此时应注意调整高度或更换大量程传感器,保证波高水位变化在量程以内。

(3) 静水位应保持在量程中间部分,因波高传感器的金属导线一般比量程长,所以确定量程中间时应从传感器下端向上测量。

（4）波高传感器安装时应保持与率定时一致的垂向姿态,否则测量的电容将会与率定时有较大误差。

（5）防止水进入上端圆柱体部位,否则会造成电路板短路,损坏传感器。

（6）若实验中怀疑前后位置波高传感器数据有问题,可以将前后传感器互换位置重测,若现象依然如故,传感器无论在何位置都与其他传感器有明显数值差,则判断该传感器有问题,需要重新率定或更换,否则不能认为是仪器问题。

目前有厂家正在研制新型的波高传感器（图3.1.4）,这种传感器每0.5 mm布置一个数字液位开关,当水淹没开关时,则相应的开关接通,并向采集装置发送信号,软件依据取得信号开关的位置记录水位的数值,因为不存在较为复杂的电容、电压以及数模转换,所以具有刻度即精度的优势,量程无论变大变小,精度不变,因此不需要率定。 相比电容式波高传感器,这种传感器具有以下优势:

（1）低电压,微电流,使用安全。

（2）测量精度为 0.5 mm,量程变化,精度不变,无重复测量精度误差。

（3）数字量输出,无须数据转换,无须传感器率定,所见即所得。

（4）任意液位定零,无数据漂移现象。

（5）抗干扰能力超强:不受温度、湿度、压力、噪音等环境因素影响;不受水质变化影响,清水、浊水测量结果一个样;不受供电电压、电流波动影响;不受电磁干扰,不受风机、水泵、变频器、伺服驱动器、伺服电机干扰。

（6）对于现有模拟量传感器,在不购置率定水箱和测量标尺的情况下,可以用此传感器辅助标定普通电容波高传感器和压力传感器等。

目前该传感器还在专利申请和测试阶段,还未得到市场检验,若能成功上市将大大改善波高传感器的易用性,增加使用场景,提高测量的可靠性。

图 3.1.4　新型波高传感器

3.2 压力传感器

在海岸工程中,由于建筑物的结构类型繁多,其结构形状和受力情况十分复杂,研究作用于结构物上的力对于防护工程十分重要,但通常不能用理论的方法得到精确解,需要应用实验应力分析的方法测量应变来解决结构的应力分析问题。

在物理模型实验中,经常需要测量的是脉动水压力和波压力,该类仪器和传感器应具有频响快、灵敏度高、体积小、防水性能好等特点。一般测量波压力的仪器,其自振频率在 60~300 Hz 之间;测破波压力的仪器,其自振频率应大于 1 500 Hz。

压力测量时要先将传感器安装在水下某一高程位置,传感器会安装一根塑料管与大气相通,以保证背景压力是大气压力。压力传感器不仅能应用于港工、水工和河工模型实验的波压力和脉动压力的动态测量,还能进行静态压力测量。测量静水压力时,必须对压力传感器调零,最好是在零压力下进行调零。如果有的传感器所受的不是零压力,应对压力传感器进行测量赋值。只作脉动压力数据处理时,不要求调零。

压力传感器按敏感元件分类有电阻应变式、电容式和压电式等,但应用最广泛的是电阻应变式和压电式压力传感器。

3.2.1 电阻应变式压力传感器

电阻应变片的工作原理是,当试件受外力发生变形,粘贴在试件表面的电阻应变片的几何尺寸和电阻系数都将随之发生变化,从而改变电阻应变片阻值。电阻应变片的电阻变化与应变之间的关系为

$$\frac{\Delta R}{R} = k\varepsilon \qquad (3.2.1)$$

式中,R 表示电阻应变片电阻;ΔR 表示应变引起的电阻变量;k 表示电阻应变片灵敏系数;ε 表示应变值。

在电阻应变式压力传感器的结构中,一般是将 4 个电阻应变片成对地横向或纵向粘贴在弹性元件的表面,使应变片分别感受到零件的压缩和拉伸变形。通常 4 个应变片接成电桥电路,可以从电桥的输出中直接得到应变量的大小,从而得到作用于弹性元件上的力。

弹性元件的应变值 ε 的大小,不仅与作用在弹性元件上的力有关,而且与弹性元件的形状有关。可以根据实验要求选择不同形状弹性元件的应变片式压力传感器。图 3.2.1 为两种结构的应变片式压力传感器结构示意图。

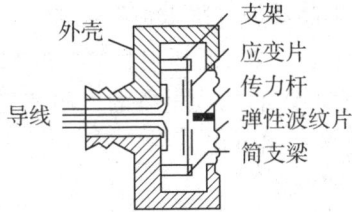

图 3.2.1　电阻应变式压力传感器结构示意图

3.2.2　压电式压力传感器

压电式压力传感器(图 3.2.2)是利用压电材料的压电效应将被测压力转换为电信号。输出电信号的大小与输入压力成正比例关系,按压力指示。压电材料在沿一定方向受到压力或拉力作用时而发生变形,并在其表面上产生电荷;而且在去掉外力后,它们又重新回到原来的不带电状态,这种现象就称为压电效应。

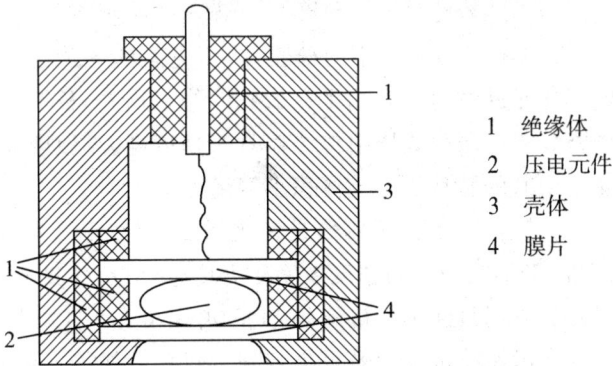

1　绝缘体
2　压电元件
3　壳体
4　膜片

图 3.2.2　压电式压力传感器结构示意图

3.2.3　压阻式压力传感器

压阻元件是基于压阻效应工作的一种压力敏感元件。它实际上就是在半导体材料的基片上利用集成电路工艺制成的扩散电阻。由于单晶硅平膜片在微小变形时有良好的弹性特性,因此常作为弹性元件使用。它具有精度高、工作可靠、动态响应好、迟滞小、尺寸小、重量轻、结构简单等特点,可在恶劣的环境条件下工作,便于实现显示数字化。

压阻效应用来描述半导体在外力作用下,其电阻发生改变的现象。这种变化仅对材料的电阻率产生影响。与压电效应不同,压阻效应不能用于在设备上产生电压。

压阻式压力传感器又称硅膜压力传感器(图 3.2.3),它的核心部分是一块

N 型单晶硅膜片,是利用单晶硅的压阻效应制成的。在硅膜片特定方向上扩散 4 个等值的半导体电阻,并连接成惠斯通电桥,如对电桥施加激励电源(恒流或恒压),当膜片受到外界压力作用,构成电桥的电阻值发生变化,电桥失去平衡,得到与施加的压力成正比的输出电压。

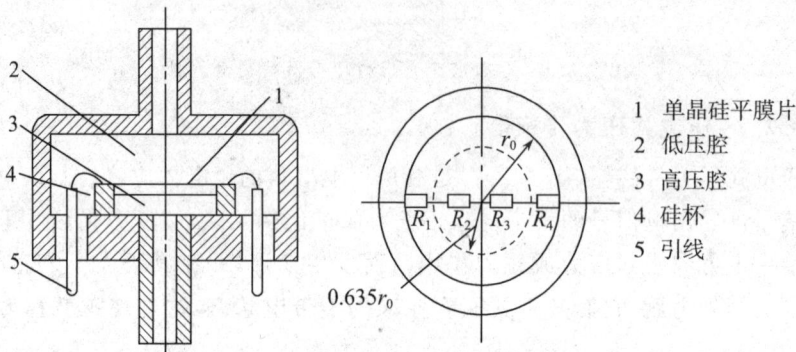

图 3.2.3　压阻式压力传感器

将电桥的 4 个电阻刻制在微小的硅膜片上,电阻的一致性好,随使用环境同时变化,温度变化对硅材料的影响也有成熟的修正措施,长期稳定性好,输出信号大,后续电路简单。压阻式压力传感器具有精度高、灵敏度大、频率响应高(可测量高达几十千赫的脉动压力)、体积小等优点。

压阻式压力传感器的灵敏度系数是应变片式压力传感器灵敏度系数的 50～100 倍。例如,CY200/300 高精度数字压力传感器(图 3.2.4),是针对硅膜压力传感器的特点,采用目前国际最新的 SOC(单片系统)芯片为 CPU,结合高精密度、高稳定度参考源技术和信号采集处理、通信、总线等一系列的高新技术开发研制而成压电式压力传感器。具有以下特点:

数字化:数字量输出,无须其他采集设备,接上计算机即显示压力-时间曲线。

智能化:即插即用。通电后传感器自诊断、自连接,参数自动加载。

高精度:制作完成的数字压力传感器在中国测试技术研究院进行了检定:测量范围的所有传感器常规精度能达到 0.1%,超高精度达 0.02%。

网络化:通用 485 工业总线,方便地组成网络化的压力测量系统。

高可靠:进口压阻硅敏感元件,配套测试软件

系列化:常用型、表头型、长线传输、存储型、精密型、复合型……

应用广:可应用于高速水流脉动压力、动水压力,渗压/渗透率、水位监测、潮汐、波压力等实验测试。由于采用数字传输,大幅减少了信号干扰,提高了测量系统的可靠性和稳定性。

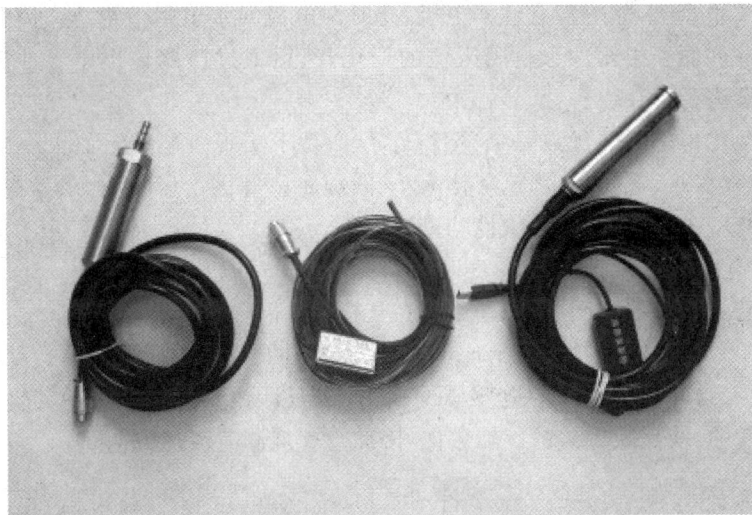

图 3.2.4　CY300 系列压力传感器

3.3　流速仪

流速是海岸工程模型实验最基本的测量要素之一,水流速度的测量对于研究水流的运动规律和水流泥沙的相互作用机理具有十分重要的意义。近年来,随着电子技术和传感技术的迅猛发展,国内外测量水流速度的仪器设备越来越多,如旋桨流速仪、声学多普勒流速仪、激光多普勒流速仪、粒子成像测速系统等。水流速度的检测仪器和技术,原理各不相同,相应的性能和适用范围也不一样,即没有一种流速测量仪器和技术适用于任何流动、任何场合,选择和使用测速仪时,需要根据所测物系的具体条件进行选择。海岸工程物理模型实验常用的流速仪有旋桨流速仪和声学多普勒流速仪。

3.3.1　旋桨流速仪

目前在流速测量方面用得比较多的是旋桨式流速仪。旋桨式流速仪是通过一种旋桨传感器提供脉冲信号的一种测量流速的方式,是国际标准组织(ISO)认可的在各行业最为常用的测量仪器之一。旋桨式流速仪根据置于流体中的叶轮的旋转角速度与流体的流速成正比的原理进行流速测量,属于机械式,按传感器的结构分为电阻式、电感式和光电式三种,目前采用较多的是光电式。

1. 电阻式传感器

电阻式传感器是在支杆的内侧,镶嵌两个钼金电极。当旋桨加宽的侧边与两个电极连线平行并遮挡了两个电极时,电极间形成的水电阻最大;当侧边与电极连线垂直时,完全没有遮挡电极,此时两电极间水电阻值最小。因此,旋桨每旋转一周便产生两次水电阻阻值的变化,然后通过桥路输出电脉冲讯号,送入计数器进行计数。

电阻式传感器的优点是结构比较简单,易于实现。但其阻值大小受水温、水质、电极大小、氧化程度、遮蔽体大小、间隙距离等因素影响,如果不在电路设计上进行解决,精确度与灵敏性均难以保证。

2. 电感式传感器

电感式传感器如图 3.3.1 所示,在支杆下端嵌入一个直径为 3 mm 的线圈。旋桨的叶片中各嵌入直径为 1 mm、长度 5 mm 的永久磁铁。这样,旋桨每旋转一次,便有与叶片数相同的电感脉冲输出,送至计数器进行计数。其输出脉冲是有极性的,能反映旋桨的旋转方向,因此也就能测量流速方向。

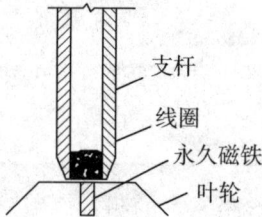

支杆
线圈
永久磁铁
叶轮

图 3.3.1　电感式传感器示意图

电感式传感器不受水温、水质的影响。但支杆中的线圈加工与叶片中永久磁铁的镶嵌都要求较高的工艺,支杆顶端与旋桨边缘的间隙要求严格保持 0.2 mm,因此加工安装比较困难。其输出信号只有毫伏级,比较弱小。

3. 光电式传感器

光电式传感器的旋桨叶片边缘上贴有反光镜片,传感器上端安装一发光源,经光导纤维传至旋桨处,旋桨转动时,反光镜片产生反射光,经另一组导光纤维传送至光敏三极管,转换成电脉冲信号,由计数器计数(图 3.3.2)。光电式传感器输出信号较强,受水温、水质影响小,工作可靠。

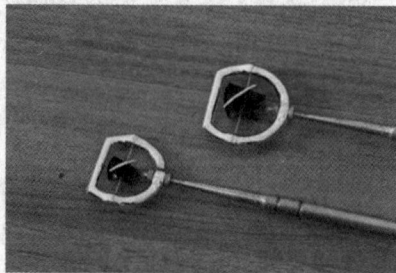

图 3.3.2　光电式流速旋桨传感器

南京水科院研制的 LGY-Ⅱ型智能流速仪是目前常用的便携式光电式旋桨流速仪(图 3.3.3),具有自动存储和记忆功能,内置 CPU、存储器,功能丰富,方便在野外或无交流电场所测量流速,内有过流、短路保护装置,一次充电可连续工作数十小时。流速测量范围 1.0~300 cm/s,采样时间为 1~99 s 任选。

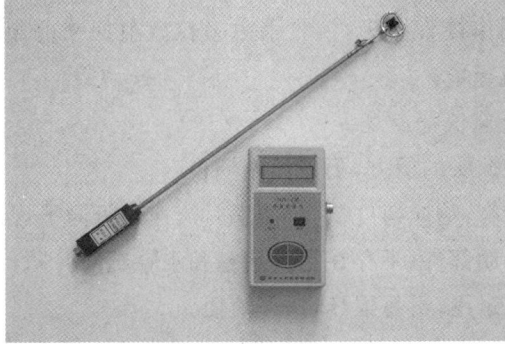

图 3.3.3　便携式旋桨流速仪

3.3.2　声学多普勒流速仪

20 世纪 70 年代随着集成电路 IC 技术的迅速发展,声学多普勒流速仪得到实际应用,如今已广泛应用于水力及海洋实验室的流速测量。声学多普勒流速仪能直接测量三维流速,对水流干扰小,测量精度高,无须率定,操作简便,流速资料后处理功能强,极具推广应用前景。声学多普勒流速仪一般由传感器、信号调理、信号处理三个部分组成。传感器由 3 个 10 MHz 的接收探头和一个发射探头组成,3 个接收探头分布在发射探头轴线的周围,它们之间的夹角为120°,接收探头和采样体的连线与发射探头轴线之间的夹角为 30°,采样体位于探头下方 5 cm,这样可以基本上消除探头对水流的干扰。图 3.3.4 为超声多普勒流速仪传感器工作原理图。

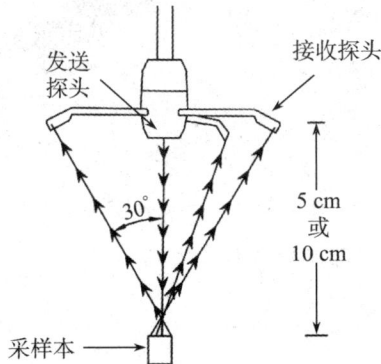

图 3.3.4　超声多普勒流速仪传感器工作原理图

声学多普勒流速仪的测量原理,就是通过发射换能器产生超声波,以一定的方式穿过流动的流体,当水中的声波遇到移动的颗粒物反射回来时,回声的频率会发生改变(多普勒频移效应),改变的大小和颗粒物移动的速度成比例。利用压电晶体的逆压电效应做成超声发射探头,向水中发射超声波,利用压电晶体的压电效应制作接收探头,接收水中微粒散射回来的超声波,利用声学多普勒效应测量水流速度。

声学多普勒流速仪特点是:

(1)测量点在探头的前方,不破坏流场;

(2)测量精度高,响应速度快,可测瞬时流速也可测平均流速;

(3)无机械转动部件,不存在泥沙堵塞和水草缠绕问题;

(4)探头坚固耐用,不易损坏,操作简便。

声学多普勒流速仪与机械式流速仪的区别是没有可移动部件,它的声波发射频率是固定的 10 MHz,没有零点漂移,所以不需要率定。

由于上述原因,声学多普勒流速仪在波浪模型实验中得到广泛应用。图3.3.5所示为实验室中常用的 Nortek 公司出品的声学多普勒点式流速仪"小威龙"。

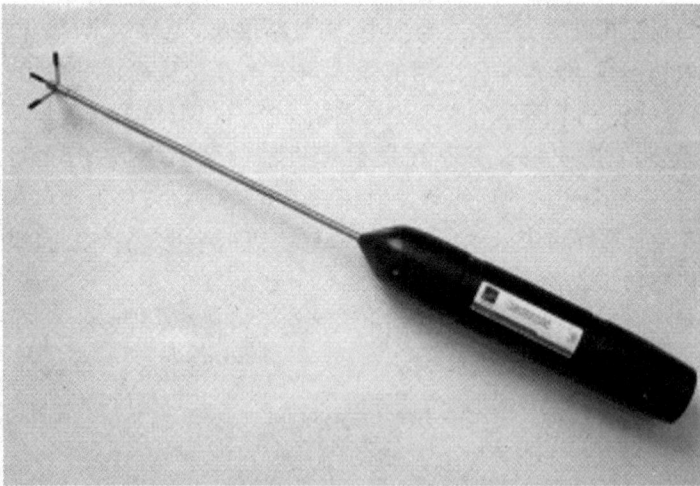

图 3.3.5 "小威龙"流速仪

"小威龙"流速仪控制程序界面如图 3.3.6 所示。

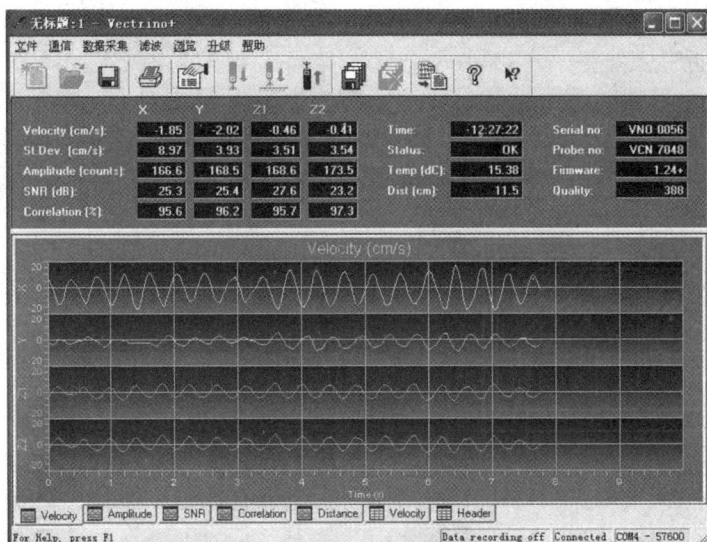

图 3.3.6　"小威龙"流速仪控制程序界面

　　需要注意的是,声学多普勒流速仪靠水中离子测量流速,如果水池中水体过于清澈,水中离子偏少,将无法测量流速,此时应将水适当"搅浑"或加入特制的玻璃微珠悬浊液(seeds),以增加水中离子的数量。

3.3.3　粒子图像测速技术 PIV

　　早期的流场显示技术是在水流中注入染色剂、浮标、纸花,或产生氢气泡等作为示踪物,然后用照相机进行间歇摄影,可以在同一张照片上显示出不同时刻的示踪物位置,从而得到示踪物运动轨迹及其运动速度;也可以用摄像机摄录水体示踪物运动过程图像,将图像输入计算机象处理系统处理,而获得大范围内水体运动的流场流速变化图。

　　自 20 世纪 70 年代以来,随着计算机工业和电子工业的迅猛发展,以图像处理和信号分析等为基础的流场测量新技术——粒子图像测速技术 PIV(Particle Image Velocimetry)与 PTV(Particle Trace Velocimetry)也相应得到了迅速发展,已成为对流体进行现代测量的一种重要手段:粒子图像测速系统一般由示踪粒子、光源系统、摄像系统、图像采集系统、存储系统和数据处理分析软件等组成(图 3.3.7)。

　　发光源打出片光源,CCD 摄像系统将水体中这一层面的流场的光信号转换为电信号进入图像采集卡,由采集和存储系统控制图像卡对图像进行采集和存储,再由数据处理软件进行分析和处理,从而得出流场的流速流向。大型的物理模型实验通常是用该系统测量表面的流场,并采用多套 CCD 摄像系统和图像采集卡,进行多帧图像同步采集,再进行后分析处理,这样就可以实施大范围全流场测量。

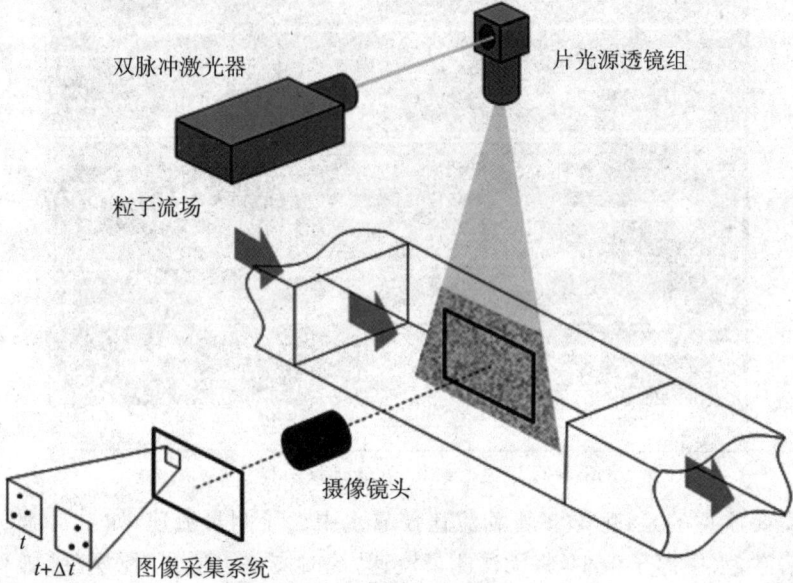

图 3.3.7　粒子图像测速技术 PIV

第 4 章
基础教学实验

本章内容列举了港口、航道与海岸工程专业多门课程知识相关的基础教学实验,以往作为课程中的实验模块存在于课程大纲中,这些实验是专业综合实验的基础,其中流速、流量、压力及波浪三要素的测量在几乎所有本专业实验项目中普遍涉及。因此,只有掌握好本章内容,训练好基本的实验技能,方能做好专业综合实验,并能举一反三。

本章所选实验均在波流水槽内完成,是从教学实验成本考虑,因多数教学实验室并不具备波流水池等设施,即使有这样的设施,使用成本也比较高,教学经费负担困难,而学生实验技能的训练在水槽中足以满足,因此本章未涉及水池实验。

4.1 流速与流量测量实验

4.1.1 实验目的

在流体实验中,测量流速和流量是最基本的内容,是其他实验的基础。通过实验,学会正确使用流体实验中的基本测试仪器,了解流速仪、量水堰、流量计、毕托管等设备与装置的原理和使用方法,分析其精度,结合计算结果,加深对水位、流速、流量三者之间关系的理解,掌握流速和流量的测量方法。

4.1.2 实验仪器设备

实验中采用的仪器设备包括:① 微型旋桨流速仪及传感器;② 毕托管;③ 三角形薄壁堰(或矩形薄壁堰);④ 流量计;⑤ 水槽或天然河道模型;⑥ 水位测针、活动测针架;⑦ 示踪剂:可采用高锰酸钾、木屑、碎纸屑等。

4.1.3 实验准备

布置测量断面及测量垂线位置,将测桥架设在该断面上,并安装好流速仪及水位测针。

启动供水系统,打开进水阀门,调节进水流量及水槽尾门,使实验段水流平稳,水深控制在 $10\sim25$ cm 之间。

4.1.4 实验步骤

实验的主要步骤如下:

(1) 熟悉毕托管、流速仪、水位测针的使用方法。

(2) 使用流速仪以五点法测量水槽断面流速分布。

(3) 测读量水堰测针读数。

(4) 在水面施放木屑、水底施放高锰酸钾等示踪剂,观察水面及水流内部水质点运动轨迹。

4.1.5 实验注意事项

(1) 使用测针时,测针尖应自上而下逐渐逼近水面,直至针尖与其倒影刚巧吻合,水面微有跳起时观测读数。

(2) 保持流速仪测杆垂直于水面,测桨轴向与测点水流流向一致。

(3) 使用水位测针测量水深,不得使用流速仪测杆测量水深,以免损坏测桨。

(4) 使用毕托管时应注意排气。

4.1.6 实验结果及要求

(1) 做好流速测量记录,求出垂线平均流速 V_m,绘出实验水槽的总体布置图及沿水槽横断面垂线平均流速分布图。

实验室测量垂线平均流速 V_m 视水深 h 和精度要求不同可采用一点法、二点法、三点法和五点法。

$$\begin{cases} \text{一点法:} V_m = V_{0.6h}, V_m = 0.85 V_{0.0h} \\ \text{二点法:} V_m = (V_{0.2h} + V_{0.8h})/2 \\ \text{三点法:} V_m = (V_{0.2h} + V_{0.6h} + V_{0.8h})/3 \\ \text{五点法:} V_m = (V_{0.0h} + 3V_{0.2h} + 3V_{0.6h} + 2V_{0.8h} + V_{1.0h})/10 \end{cases} \qquad (4.1.1)$$

确定测点位置的方法:先用水位测针测量出该垂线水底和水面的读数,两读数相减计算水深 h,再读出流速仪测杆水面读数(旋桨下缘横杆刚接触到水面)$h_{测杆}$,若旋桨下缘横杆至旋桨轴线的距离为 1 cm,以 $0.6h$ 处的测点位置为例,则测点位置读数应为

$$h_{0.6} = h_{测杆} - 0.6h + 1 \quad (\text{cm}) \qquad (4.1.2)$$

测量水面和床面流速时,应测量水面下 1 cm 和距床面 1 cm 处的流速,以

确保旋桨全部浸入水面和避免旋桨与床面接触而损坏。

（2）利用水槽垂线流速分布结果计算断面各垂线之间的部分流量和累积流量，最后得出全断面流量 Q。

$$Q = \sum vhb \qquad (4.1.3)$$

式中：v 为两相邻垂线之间水体的平均流速，$v = \dfrac{1}{2}(v_i + v_{i+1})$，水槽边壁处流速取 0；$h$ 为两相邻垂线之间水体的平均水深，$h = \dfrac{1}{2}(h_i + h_{i+1})$；$v_i$、$h_i$ 分别为测点垂线平均流速和测点水深；b 为水槽宽度。

（3）做好量水堰测针读数记录，填写表 4.1.1、表 4.1.2，利用量水堰的水位流量关系曲线查出流量或利用公式算出流量。

（4）将水槽横断面累计流量和量水堰流量进行对比，计算误差值。

表 4.1.1　流速测量记录计算表

垂线号	起点距（cm）	水面测针读数（cm）	床面测针读数（cm）	水深 h（cm）	测桨水面读数（cm）	测点位置（cm）	各测点流速（cm/s）					垂线平均流速（cm/s）
							$V_{0.0h}$	$V_{0.2h}$	$V_{0.6h}$	$V_{0.8h}$	$V_{1.0h}$	
1												
2												
3												
...												

表 4.1.2　断面累积流量记录计算表

垂线号	水边	1	2	...	水边
起点距（cm）					
平均水深（cm）					
平均流速（cm/s）					
部分流量 Q_i（m³/s）					
累积流量 $\sum Q_i$（m³/s）					

4.2　压力测量实验

4.2.1　实验目的

在工程实验中，经常遇到水体压力（压强）的测量问题，常用的压力测量仪器在第3章已介绍。本实验着重了解水面波动对水下压力的影响及其随水深的变化,水下压力波动的参数变化规律。要求掌握压力传感器的安装及使用方法,学会防水处理的一般方法,学会压力传感器的标定方法,掌握造波系统和数据采集系统的操作。

4.2.2 实验仪器设备

实验中采用的仪器设备包括:① 波浪水槽及造波系统;② 压力传感器;③ 升降支架;④ 压力数据采集系统;⑤ 浪高仪。

4.2.3 实验准备

(1) 波浪水槽灌水,水深 30~40 cm。

(2) 压力传感器和浪高仪的安装、连接及调试。

4.2.4 实验步骤

实验的主要步骤如下:

(1) 将压力传感器安装在升降支架上。

(2) 连接压力传感器、浪高仪、数据采集仪、电脑等。

(3) 记录水深、波高、周期等实验数据。

(4) 在静水的情况下,将压力传感器移至水面下 1 cm 左右;

(5) 测量压力值,作为基点值。

(6) 从基点以下,按间距 5 cm 分别采集水下各深度的压力值。

(7) 启动造波机造波,产生规则线性波。

(8) 从基点以下,按间距 5 cm 分别采集水下各深度的压力值。

4.2.5 实验注意事项

(1) 在使用压力传感器时,必须保证压力传感器没有超量程使用。

(2) 压力传感器安装、拆卸时禁止拉拽传感器末端线缆,否则会损坏传感器。

4.2.6 实验结果及要求

记录整理测量的实验数据,填写表 4.2.1、表 4.2.2。

表 4.2.1 静水压力计算表

序号	测针读数(cm)	水下深度(cm)	压力测量值(Pa)	压力理论值(Pa)	相对误差(%)
1					
2					
3					
...					

表 4.2.2 动水压力计算表

序号	测针读数(cm)	水下深度(cm)	压力测量值(Pa)	压力理论值(Pa)	相对误差(%)
1					
2					
3					
...					

水下某深度 z 处的压力与波面的关系为

$$p_z = -\rho g h + \rho g \frac{H}{2} \frac{\cos[k(z+h)]}{\cosh(kh)} \cos(kx - \sigma t) \qquad (4.2.1)$$

式中, p_z 为波浪压力; H 为波高; h 为水深; k 为波数; σ 为波动角频率; 等号右侧第 1 项为静水压力部分, 第 2 项为动水压力部分。

4.3 波浪要素测量实验

4.3.1 实验目的

波浪是港航工程中主要的动力因素, 周期、波高、波长是波浪的三要素。因此, 测量波浪要素也成为港航工程实验中最基本的内容。通过实验, 加深对波浪运动的感性认识, 要求学生知道在实验室如何来测定这三要素以及影响波高、波长的其他因素, 采用弥散方程计算其理论值, 并与实验值相比较。学会正确使用流体实验中的基本测试仪器: 水位测针及浪高仪, 掌握水位测针的使用方法、掌握波高传感器的率定方法, 了解造波机的原理、掌握操作方法, 为以后的设计性、综合性实验打下基础。

4.3.2 实验仪器设备

实验中采用的仪器设备包括: ① 水槽及造波机系统; ② 浪高仪二套; ③ 数据采集系统; ④ 固定支架; ⑤ 水位测针 1 套。

4.3.3 实验准备

(1) 预习实验仪器的使用方法;

(2) 浪高仪的安装及连接;

(3) 水槽灌水, 水深 40~50 cm。

4.3.4 实验步骤

实验的主要步骤如下:

(1) 波高仪的标定。要测波高, 必须先对浪高仪进行标定, 标定是在静水中进行的,方法与率定方法相似,可参考第 3 章相关内容。

(2) 调整造波机,使造出的波浪稳定,有光滑的波面。

(3) 测定波周期。调整造波机的推板往复运动的周期。目测:用秒表测量连续数十个波所用的时间,求出每一个波的平均周期 $T=\Delta T/(N-1)$。电脑采集分析:将波高仪置于测点上,通过采集仪和计算机记录波面过程线,并绘制波面-时间图。若波面的采样间隔时间为 t,在图上获取连续 M 个波峰(或波谷)之间的采样次数 N,则波周期 T 为

$$T=(N-1)\times t/(M-1) \tag{4.3.1}$$

(4) 波高的测定。开动生波机等待波浪稳定后,在水槽边壁上画线记录波峰和波谷位置,两者之差即为波高;同时用数据采集系统采集浪高仪数据记录波浪,计算得到波高。

(5) 波长的测定。在同一波向上设置两台波高仪以分别记录两条波面过程线,用尺子测量它们之间的距离 ΔL,ΔL 一般小于半个波长,但不宜过小,以便分析和保证精度。波浪向前推进时,用秒表记录同一个波峰经过前后两个传感器的时间差为 Δt。采集波高数据后,在记录纸上画有两条波浪的过程线,波浪过程线上两波峰的时间跨度即为 Δt。

波浪过程线中两个波峰之差是 Δt,则

$$\Delta L=C\cdot\Delta t \tag{4.3.2}$$

式中,C 是波速,$C=L/T$,T 是周期,L 是波长,所以

$$L=\Delta L\cdot T/\Delta t \tag{4.3.3}$$

4.3.5 实验注意事项

(1) 注意用电安全和保护自己;

(2) 各种仪器、设备的电源开关不能反复开关或按压,以免造成损坏;

(3) 造波机为大型仪器设备,请严格按规程操作。

4.3.6 实验结果及要求

记录实验数据,填写表 4.3.1 至表 4.3.3。

表 4.3.1　波浪周期记录表

秒表记录结果			数据采集仪记录结果		
时间 t(s)	波峰数 N(个)	波周期 T(s)	时间 t(s)	波峰数 N(个)	波周期 T(s)

表 4.3.2　波高记录表

序号	目测结果			电脑采集结果		
	波高	波峰位置	波谷位置	波高	波峰位置	波谷位置
1						
2						
3						

表 4.3.3　波长记录表

序号	$\Delta L(\mathrm{m})$	$\Delta t(\mathrm{s})$	$T(\mathrm{s})$	$L=\Delta L \cdot T/\Delta t(\mathrm{m})$
1				
2				
3				

4.4 泥沙起动实验

4.4.1　实验目的

(1) 观察并判定泥沙起动的临界状态;

(2) 测量流速并推算床面摩阻流速,与经验公式计算结果进行对比分析。

4.4.2　实验仪器

实验中采用的仪器设备包括:自循环波流实验水槽、模型沙、ADV 流速仪、温度计、钢尺等。

4.4.3　实验原理

起动流速是泥沙运动的一个重要的物理指标,在实际工程中经常应用,它是判定河道冲淤变化的一个重要的判据。

河床泥沙在水流条件较弱时处于静止状态。随着水流强度的增大,泥沙将出现一个由静止状态转为运动状态的突变过程,称为泥沙起动,泥沙起动时的临界水流条件称为泥沙起动条件,可用三种方法或者三个参数来表示,分别为起动流速 U_c、起动拖曳力(临界拖曳力)τ_c、起动功率 W_c。但泥沙起动具有一定随机性,目前还没有一致的起动标准。

本实验将泥沙起动程度划分为轻微起动(即颗粒微动)、高强度泥沙起动(85%)和河床形成不明显沙纹三种情况。测量三种情况下的流速,并与经验公式作对比。

沙莫夫公式：

$$U_c = 1.144\sqrt{\frac{\gamma_s-\gamma}{\gamma}gD}\left(\frac{h}{D}\right)^{1/6}\text{（国际单位制，}D>0.2\text{ mm）}\quad(4.4.1)$$

或岗恰洛夫对数公式：

$$U_c = 1.07\left(\lg\frac{8.8h}{D_{95}}\right)\sqrt{\frac{\gamma_s-\gamma}{\gamma}gD}\text{（国际单位制，}D=0.08\sim1.5\text{ mm）}$$

$$(4.4.2)$$

4.4.4 实验步骤

实验的主要步骤如下：

（1）熟悉实验仪器设备的使用规程。

（2）在水槽底部铺 3~5 cm 厚的均匀砂样，刮平整。

（3）关闭出水口，打开进水阀门，由小到大调节水槽流量，缓慢地向水槽中加水至 5~10 cm 深。

（4）打开出水口，逐渐增加水流流速，观察泥沙起动现象，记录泥沙起动状态。当观察到有颗粒微动时、全面起动（85%泥沙起动）及沙纹形成时，分别测定三种状态下水流流速和水深。注意每个测点流速数据应采集三次做平均，作为该点的流速实测结果。

（5）关闭水泵，整理实验设备。

4.4.5 实验结果及要求

泥沙粒径＝_____mm。

表 4.4.1　泥沙起动流速数据表

测点深度(cm)		0	0.2 h	0.4 h	0.6 h	0.8 h	1 h
临界起动	第一组						
	第二组						
	第三组						
	平均流速						
	沙莫夫公式						
	岗恰洛夫公式						

续表

测点深度(cm)		0	0.2 h	0.4 h	0.6 h	0.8 h	1 h
高强度起动	第一组						
	第二组						
	第三组						
	平均流速						
	沙莫夫公式						
	岗恰洛夫公式						
沙纹形成	第一组						
	第二组						
	第三组						
	平均流速						
	沙莫夫公式						
	岗恰洛夫公式						

4.5　沙波的产生、发展与消失实验

4.5.1　实验目的

(1) 观察沙波的产生、发展与消失过程。

(2) 测量沙波参数,计算沙波运行速度,并与经验公式计算结果比较。

4.5.2　实验仪器

实验中采用的仪器设备包括:自循环波流实验水槽、模型沙、ADV 流速仪、水位传感器、计算机、秒表、钢尺。

4.5.3　实验原理

流体作用于粗沙至粉砂范围的沙质河床时,河床不稳定形成沙纹,进而形成沙波(波状的沙丘体)。沙波运动是推移质的主要运动形式。

4.5.4　实验步骤

水槽内分组铺设均匀沙和非均匀沙,出水口门有接沙设备,防止沙粒流入蓄水池。根据实验室条件,在玻璃内壁沿程标记尺寸读取沙波尺寸,也可采用

拍照及钢尺测量或地形仪的方式读取沙波尺寸,槽底铺沙厚度为 10 cm。实验的主要步骤如下:

(1)掌握实验原理。

(2)布置实验仪器,确定加沙量。

(3)开启水泵灌水,待水面达到一定高程后,渐渐打开尾门,慢慢加大流量,随水流强度的增大,观察沙波产生、发展及消失过程。

(4)观测断面平均流速和水深,沙波波长、波高等尺度参数,计算沙波运行速度。

(5)采用经验公式计算沙波运行速度和波高,并与观测数据比较,分析两者差异及产生原因。

(6)换沙,重复实验。

(7)测量完毕,整理实验仪器。

4.5.5 实验结果及要求

表 4.5.1　沙波实验数据表

序号		泥沙尺寸要素	波高	波长	沙波运行速度	水深	断面平均流速	经验公式计算波高	经验公式计算波运行速度
均匀沙	第 1 组								
	第 2 组								
	第 3 组								
非均匀沙	第 4 组								

4.6 推移质输沙率实验

4.6.1 实验目的

(1)观察水槽中推移质输沙过程。

(2)测量断面流速分布和沿程水位变化,计算输沙率并与经验公式计算结果比较。

4.6.2 实验仪器

实验中采用的仪器设备包括:自循环波流实验水槽、天然沙、ADV 流速仪(或多普勒二维测速仪等测速仪)、水位测量系统、推移质取样设备、烘干、称重等设备。

4.6.3　实验原理

大量泥沙在河床上进行随机运动,泥沙的形状、大小、所处位置、水流条件等各不相同,无法用一颗或几颗泥沙反映泥沙整体的运动规律,因此应该从统计学的角度出发,研究大量泥沙的输移规律。

推移质泥沙颗粒运动的主要形式是跃移运动,每次跃移的距离叫作单步距离,它与水流强度存在着一定关系。当水流条件足够强,泥沙将会起动,起动的概率处处相等,当水流条件不足以使之运动,泥沙就会沉淀下来,且落淤的概率在床面处处相等。

推移质输沙率是指一定的水流和床沙组成条件下,河床处于不冲不淤的输沙平衡状态时,单位时间内通过河床断面的推移质数。通常采用的是单位河宽的推移质输沙率,即单宽输沙率。推移质单宽输沙率 g_b 的经验公式有很多,此处采用两个经验公式来与实验结果作对比。

岗恰洛夫公式:

$$g_b = 2.08D(U - U_c)\left(\frac{U}{U_c}\right)^3 \left(\frac{D}{h}\right)^{1/10} \quad (天然沙,kg,国际单位制) \quad (4.6.1)$$

列维公式:

$$g_b = 2D(U - U_c)\left(\frac{U}{\sqrt{gD}}\right)^3 \left(\frac{D}{h}\right)^{1/4} \quad (天然沙,kg,国际单位制) \quad (4.6.2)$$

4.6.4　实验步骤

实验的主要步骤如下:

(1) 筛分模型沙(可选用人工沙或天然沙),在水槽中铺好模型沙,厚度可取 5～10 cm,并刮平整,本步骤亦可采用水下铺沙的方法。

(2) 关闭出水口,开启水泵,向水槽中放水,水深 3 cm 以上打开出水口,缓慢加大流速,使泥沙处于运动状态。

(3) 达到动床稳定所需时间时,认为床面达到平衡,此时使用集沙器接沙,并记录接沙时间,同时测量横断面流速分布和沿程水位。

(4) 经过某一时段以后,将集沙器中的沙样取出并称重。

(5) 计算单位时间的输沙量(即输沙率),并与经验公式计算结果相比较。

(6) 测量完毕,整理实验仪器。

4.6.5　实验结果及要求

水槽宽度_____ m。泥沙密度_____。

表 4.6.1　推移质输沙实验数据表

序号	平均粒径 D_{50} (mm)	D_{90} (mm)	平均流速 (m/s)	沙粒摩阻流速 (cm/s)	输沙率 [kg/(s·m)]	岗恰洛夫公式	列维公式
第一组							
第二组							
第三组							
第四组							

4.7 波浪质量输移实验

4.7.1　实验目的

(1) 观测线性波质点轨迹。

(2) 观测非线性波表面质点轨迹。

4.7.2　实验仪器

实验中采用的仪器设备包括:自循环波流实验水槽、波高采集系统或浪高仪、秒表、钢尺、记录仪、塑料小球若干。

4.7.3　实验原理

从理论上讲,线性波的质点轨迹是封闭的,故线性波浪质量输移为零,在浅水中非线性波存在质量输移,而且波浪的传质速度沿水深是变化的。由于波浪的非线性性质主要集中在表面,所以本实验只测表面传质速度。

4.7.4　实验步骤

实验的主要步骤如下:

(1) 水槽充水至水深 40~50 cm,将塑料小球放入水中。

(2) 设定线性波的波要素,造线性波,待波浪稳定后,记下小球在波峰时的位置,同时记下起始时间;待过 N 个(5~10 个)波后,再记下小球在波峰(第 N 个波峰)时的位置和时间,测量两个位置之间的距离 ΔL 和历时 Δt,重复 5 次。

(3) 设定非线性波的波要素,造非线性波,重复线性波的试验步骤。

(4) 关闭水泵,整理实验设备。

4.7.5　实验结果及要求

(1) 线性波:

周期 $T=$ _____ s,波长 $L=$ _____ cm,波高 $H=$ _____ cm。

表 4.7.1　线性波实验数据记录表

次序	1	2	3	4	5	平均传质速度 (cm/s)
$\Delta t(\mathrm{s})$						
$\Delta L(\mathrm{cm})$						
传质速度(cm/s)						

（2）非线性波：

周期 $T=$ _____ s，波长 $L=$ _____ cm，波高 $H=$ _____ cm。

表 4.7.2　非线性波实验数据记录表

次序	1	2	3	4	5	平均传质速度 (cm/s)
$\Delta t(\mathrm{s})$						
$\Delta L(\mathrm{cm})$						
传质速度(cm/s)						

4.8　波浪传播浅水变形实验

4.8.1　实验目的

波浪行进到岸边时形态的变化，是岸滩演变、泥沙运动、港口和航道淤积的主要原因。要求学生了解波浪在水深变浅过程中出现的增水、减水、破碎、爬高等现象以及出现这些现象的原因及其物理机制，并测量出破波高与破波水深的关系；波浪破碎后的波高、波长与水深的关系；波浪爬高。

4.8.2　实验仪器

实验中采用的仪器设备包括：波流水槽、可调节人造斜坡、波高采集系统、计算机、钢尺。

4.8.3　实验原理

当波浪由深海向海岸传播时，由于水深变浅，波浪的波长和波速迅速减小。在波浪进入浅水区初期，波高略有减小，但当波浪进入一定区域后，波高则逐渐增大，并超过深水波高，直至波陡太大，波形无法维持而破碎。

4.8.4　实验步骤

人造斜坡长度至少 3 m，以便观察在水深变浅过程中波浪传播变化的全过程。斜坡坡度要可调节，以适应不同水深和不同周期的波浪。实验的主要步骤如下：

（1）做好预备实验，调整水深、波周期、波高和斜坡坡度。使斜坡上的波浪能产生明显的增水、减水、破碎和爬高，且容易测量。

（2）标定浪高仪传感器。

（3）设计实验布置方案，初步拟定各浪高仪位置。

（4）根据预备实验，再次调整好水深、波周期、波高和斜坡坡度。

（5）记下斜坡与静水位交点 A（在斜坡水边上）及静水位位置。

（6）启动造波机造波，待波浪稳定后，采集沿程各点波要素。

（7）观测斜坡上破波位置，做好标记，测出该点到水边线（A 点）的距离 X_b、水深 h_b，并移动附近的浪高仪至破碎点，采集该处的波浪过程线；同时用照相机拍摄破碎波形态。

（8）在破波带以内选取一个适当的点做好标记，测出该点到水边线（A 点）的距离 X_x、波高 H_x、水深 h_x，并记录下该处的波浪过程线。

（9）找出波浪在斜坡上的最大爬高位置，做好标记并测出最大爬高 η_{max}。

（10）根据各测点的波浪过程线求出其增、减水值和破波指标 γ_b。

（11）画出平均水位分布图。

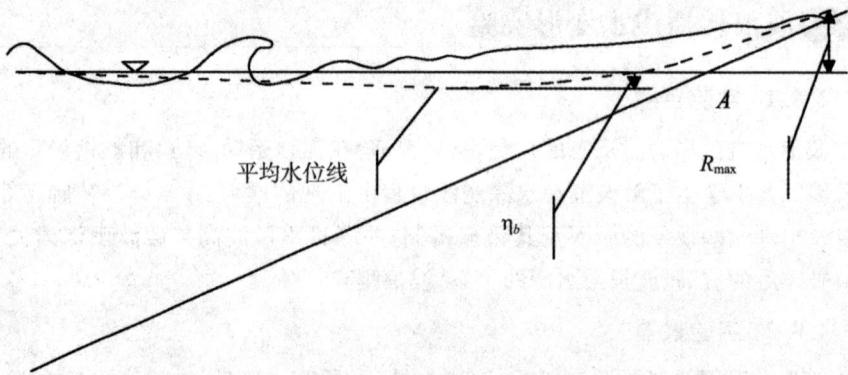

图 4.8.1　破波带减水值示意图

4.8.5　实验结果及要求

（1）分析沿程布置的各浪高仪采集结果，分析波高、周期沿程变化，分析波形变化。

（2）破波指标：

实验值：$\gamma_b = H_b / h_b$（取三次平均值）

理论值：

$$\gamma_b = (1.40 \sim 6.85 \tan\beta)^{-1} \quad (\tan\beta \leqslant 0.07)$$
$$\gamma_b = 1.09 \quad (\tan\beta > 0.07)$$

$$(4.8.1)$$

将以上结果加以比较。

（3）破波带上的减水值 η_b：① 找出静水位位置。② 找出破波带的平均水位（图 4.8.1）。③ 由①和②求得 η_b。

（4）最大爬高：

实测值：$R_{\max}=$ _____（cm）

理论值：$R_{\max}=\dfrac{(K \cdot h_b)}{1-K}+\eta_b$（cm） （4.8.2）

式中，$K=\dfrac{1}{\left(1+\dfrac{8}{3\gamma^2}\right)}=0.194(\gamma=0.801)$。

比较以上结果。

（5）利用破波带上的减水值的方法，找出破波后的增水值 η。

（6）破波后的波高。

计算分析实测值 H_x 和理论值 $H_x=\gamma(h+\eta)$，比较以上结果。

斜坡坡度 $\beta=$ _____ 度，坡前水深 $h=$ _____ cm。

表 4.8.1　波浪浅水变形实验数据记录表

测量次序		1	2	3	4
波周期 $T(s)$					
波高 $H(cm)$					
破波带	破波高 $H_b(cm)$				
	破波水深 $d_b(cm)$				
	距 A 点距离 $L_b(cm)$				
破波后	波高 $H_x(cm)$				
	相应水深 $d_x(cm)$				
	距 A 点距离 $L_x(cm)$				

4.9 波浪作用下的泥沙运动实验

4.9.1　实验目的

通过本实验，使学生认识泥沙在波浪作用下的运动与河流中的泥沙运动不同。建立净向位移、净输沙率、泥沙沙纹尺度与波浪要素和泥沙粒径的关系。增强近岸泥沙运动对港口、航道和岸滩演变的影响，加强工程意识。

(1) 观察泥沙在波浪作用下的运动形式。

(2) 观察并描述在波浪作用下沙纹上泥沙的搬运和输移方式。

(3) 观察并描述在波浪作用下沙纹上泥沙运动的四个阶段。

4.9.2　实验仪器设备

实验中采用的仪器设备包括：波流水槽、浪高传感器、模型沙、米尺、数据采集仪等。

4.9.3　实验原理

泥沙在波浪作用下形成沙纹是推移质运动的一种方式。沙纹的存在对泥沙运动有极大的影响，在波浪的作用下尤其如此。河流中的沙纹是不对称的。在波浪作用下泥沙形成的沙纹是接近对称的，随着波浪水流呈现不对称性，形成的沙纹也呈现不对称性。

沙纹的存在使波浪作用下的泥沙运动具有非常复杂的性质。当水流强度不大，沙纹背后形成的旋涡强度不大，不足以使泥沙悬移时，泥沙仅沿着沙纹床面做往复推移。由于非线性波浪的不对称性，正向波浪作用时推移距离大于反向波浪作用时的推移距离，这时泥沙将沿波浪传播方向产生净输移。但当水流强度较大，沙纹背后形成较强的旋涡时，情况就变得十分复杂。在一定的条件下，泥沙可能逆着波浪传播方向而输移。

4.9.4　实验步骤

自行设计实验方案，实验前按照实验方案在水槽底部铺设模型沙。调整造波机，选择好波要素及适当水深。使泥沙在波浪作用下运动形成的沙纹易于观测。实验的主要步骤如下：

(1) 恢复地形；将水槽中模型沙铺平，测量水深。

(2) 启动造波机，仔细观察泥沙运动和沙纹形成的过程，泥沙云的运动形态和波峰、波谷的关系。

(3) 测量波要素。

(4) 停止造波机，测量沙纹的波长、波高。

(5) 重复(1)~(4)步。

4.9.5　实验注意事项

模型沙如采用天然沙，必须预先将沙洗净，去掉悬移质，以免水槽中的水变得太浑浊而不易观察。

4.9.6　实验结果及要求

(1) 仔细描述沙纹上泥沙云的运动与波浪运动的关系。

分四个阶段：① 波峰到来阶段；② 波浪由波峰过渡到波谷转向阶段；③ 波谷阶段；④ 波浪由波谷过渡到波峰转向阶段。以上阶段要求用图形加以说明。并填写表 4.9.1、表 4.9.2。

表 4.9.1　实验观察记录表

阶段	泥沙运动描述
波峰阶段	
由波峰到波谷转向阶段	
波谷阶段	
由波谷到波峰转向阶段	

表 4.9.2　实验记录表

泥沙密度 ρ_s (kg/m³)	泥沙中值粒径 D_{50} (cm)	波高 H (cm)	水深 h (cm)	波周期 T (s)	U_m (cm/s)	a_m (cm)	F	U
结论								

（2）分析沙纹随时间的演化过程，相关记录表自行设计。

（3）计算判定输沙方向：

1）水流强度系数：

$$\begin{cases} F = \dfrac{\rho U_m^2}{(\rho_s - \rho)gD}\left(\dfrac{D}{2a_m}\right)^{\frac{1}{2}} \\[2mm] U_m = \dfrac{\pi H}{T}\left[\dfrac{1}{\sinh(kh)}\right] \\[2mm] a_m = \dfrac{H}{2}\dfrac{1}{\sinh(kh)} \end{cases} \qquad (4.9.1)$$

式中，ρ_s 为泥沙密度；ρ 为水的密度；k 为波数，$k = 2\pi/L$；g 为重力加速度；D 为泥沙中值粒径；T 为周期；H 为波高；h 为水深；U_m 和 a_m 分别为水槽局部水质点速度和移动轨迹半径。

2）厄塞尔参数：

$$U = HL^2/h^3 \qquad (4.9.2)$$

式中，H 为波高；L 为波长；h 为水深。

比较：

当 $F > 0.28U^{1/4}$ 时，泥沙净离岸输沙；当 $F < 0.28U^{1/4}$ 时，泥沙净向岸输沙。

4.10 防波堤护面块体稳定实验

4.10.1 实验目的

（1）了解斜坡式防波堤的组成；

（2）会计算护面块体重量；

（3）观测护面块体的失稳现象，及不同水位作用时块体受波浪力最大的区域。

4.10.2 实验仪器

实验中采用的仪器设备包括：波流水槽、浪高传感器、护面块体模型。

4.10.3 实验原理

目前计算护面块体稳定重量的公式比较多，在相同情况下，各种公式的计算结果差异还比较大，我国的港工防波堤规范推荐采用美国 Hudson 公式。

$$\begin{cases} W = 0.1\gamma_b K_\gamma^3 \dfrac{1}{K_D} \dfrac{H^3}{m} \\ K_\gamma = \dfrac{\gamma}{\gamma_b - \gamma} \end{cases} \qquad (4.10.1)$$

式中，W 为单个护面块体的稳定重量（t）；γ_b 为护面块体材料在空气中的重量（kN/m³）；γ 为水的重度；K_γ 为重度系数；H 为设计波高（m）；m 为斜坡坡度系数，$m = \cot\alpha$（α 为坡面与水平面的夹角）；K_D 是稳定系数，与护面结构类型和块体稳定标准有关，可根据块体的结构形式查规范确定。

4.10.4 实验步骤

实验的主要步骤如下：

（1）在实验前完成护面块体模型的制作，在制作时需要配重，使模型重量符合要求。

（2）根据防波堤原型，计算防波堤模型尺寸，并在实验前铺设完毕。

（3）建立设计高水位、设计低水位、极端高水位和极端低水位下的波浪模型。

（4）分组实验，改变水位、波高和斜坡坡度，观察护面块体的晃动情况，并记录。

（5）测量完毕，整理实验水槽和仪器。

4.10.5 实验结果及要求

表 4.10.1 实验数据表

水位	水深 d(cm)	波高 H(cm)	斜坡堤坡 角 α(°)	波浪爬高 R_u(cm)	波浪落深 R_d(cm)	护面块石 情况	备注
设计高水位							
设计低水位							
极端高水位							
极端低水位							

4.11 波浪对直立堤的作用实验

4.11.1 实验目的

（1）观察规则波入射直立堤，堤前的不同波态。

（2）测量波压力的大小及其分布规律。

4.11.2 实验仪器

实验中采用的仪器设备包括：波流水槽、波高采集系统、压力传感器、直立堤模型。

4.11.3 实验原理

在水深足够大的前提下，波浪入射遇到直立障碍物，会产生反射，与入射波迭加，形成立波。而在堤前水深较浅时，波浪会破碎，产生远破波或近破波。三种波浪形态见表 4.11.1。

表 4.11.1　作用于直立堤波浪形态

基床类型	产生条件	波态
暗基床和低基床 $\left(\dfrac{d_1}{d}>\dfrac{2}{3}\right)$	$\overline{T}\sqrt{g/d}<8,d\geqslant 2H$ $\overline{T}\sqrt{g/d}\geqslant 8,d\geqslant 1.8H$	立波
	$\overline{T}\sqrt{g/d}<8,d<2H,i\leqslant\dfrac{1}{10}$ $\overline{T}\sqrt{g/d}\geqslant 8,d<1.8H,i\leqslant\dfrac{1}{10}$	远破波
中基床 $\left(\dfrac{1}{3}<\dfrac{d_1}{d}\leqslant\dfrac{2}{3}\right)$	$d_1\geqslant 1.8H$	立波
	$d_1<1.8H$	近破波
高基床 $\left(\dfrac{d_1}{d}<\dfrac{1}{3}\right)$	$d_1\geqslant 1.5H$	立波
	$d_1<1.5H$	远破波

　　计算波压力的公式比较多,但目前尚未有统一的公式,本实验测得的波压力将与我国规范规定的波压力公式计算结果进行对比分析。

4.11.4　实验步骤

实验的主要步骤如下:

(1) 确定合适的模型比尺,计算出相应的实验波高、波周期。

(2) 选择宽度与水槽宽度相适应的木板或塑料板,作为直立堤,其下铺设相应砂石作为基床。

(3) 放置木板前,先测量波高,然后测量放入木板后的波高,并测量木板各处的波压力。依据实验前的计算数据,调整水深、波高和基床高度,分别造出立波、远破波和近破波。

(4) 关闭水泵,整理实验设备。

4.11.5　实验结果及要求

表 4.11.2　波高记录表

	立波		远破波		近破波	
	1	2	3	4	5	6
水深(cm)						
入射波波高(cm)						
反射后波高(cm)						
基床高度(cm)						

表 4.11.3　波压力记录表

实验次序	1	2	3	4	5	6
Z						
Pz_+						
Pz_-						

4.12　波浪对圆桩的作用力实验

4.12.1　实验目的

（1）会测量波浪力。

（2）掌握圆桩受力的特点。

4.12.2　实验仪器

实验中采用的仪器设备包括：波流水槽、圆桩模型（塑料或玻璃钢）一根、波高采集系统、桩力传感器、计算机、固定装置。

4.12.3　实验原理

波浪对圆柱的作用力由惯性力 F_g 和阻力（拖曳力）F_z 两部分组成，可用 Morison 方程进行计算。该方程为

$$F = F_g + F_z = C_g \cdot \rho \cdot V \cdot \frac{\partial u}{\partial t} + \frac{1}{2} \cdot C_z \cdot \rho \cdot A \cdot |u| \cdot u \quad (4.12.1)$$

$$u = \frac{\pi H}{T} \cdot \frac{\cosh[k(z+d)]}{\sinh(kd)} \cdot \cos\theta \quad (4.12.2)$$

式中，C_g 为质量系数；C_z 为阻力系数；V 为圆柱单位长度的体积；A 为圆柱单位长度的投影面积；u 为水质点速度的水平分量；H 为波高；k 为波数；d 为水深；T 为波浪周期；θ 为相位角。

4.12.4　实验步骤

实验步骤如下：

（1）掌握实验原理。

（2）关闭出水阀门，开启水泵，调整适当的水深。

（3）按圆桩原型计算圆柱直径，将圆柱布置于合适位置，并安置压力传感器。

（4）开动造波机造波，观测并记录 10～20 周期。

（5）改变波浪参数，重复观测 3～5 次。

（6）测量完毕，整理实验仪器。

4.12.5　实验结果及要求

（1）试绘制波浪作用下，力的过程曲线。

（2）采用 Morison 方程计算桩力，并与实测桩力作比较。

表 4.12.1　实验记录表

实验次序	1	2	3	4	5
波高 H（cm）					
波周期 T（s）					
水深 d（cm）					
桩径 D（cm）					
阻力 F_z（kN）					
惯性力 F_g（kN）					
$F=F_g+F_z$					
实测力 F（kN）					

4.13　波流作用下桩基冲刷实验

4.13.1　实验目的

（1）观测单桩周围冲刷的形状、尺寸。

（2）观测群桩效应下冲刷沙坑互相干扰后的形状。

（3）观测桩的受力情况。

4.13.2　实验仪器

实验中采用的仪器设备包括：波流实验槽、圆桩模型（塑料或玻璃钢）、波高采集系统、ADV 流速仪、桩力传感器、计算机、固定装置。

4.13.3　实验原理

本实验主要研究的是波流作用下跨海大桥桥墩、高桩码头等桩基础周围的冲刷过程，以及对桩柱周围形成的冲刷坑的冲刷深度、几何形态和分布特征。

显然，海床被冲刷的情况与水流的速度、冲刷时间等息息相关。冲刷坑从产生到稳定需要一定的时间，稳定时长可从几小时到几天不等，本实验以教学为目的，因此可取 2 h。

对于小直径孤立桩的波浪力，Morison 方程可以得到比较精确的结果，但对于群桩，由于难以得到合适的阻力系数和惯性力系数，因此可考虑物理模型实验或原型观测的方式得到桩的受力情况。

4.13.4　实验步骤

实验步骤如下：

(1) 筛分模型沙(可选用人工沙或天然沙)，在水槽中铺好模型沙，厚度可取 5～10 cm，并刮平整，本步骤亦可采用水下铺沙的方法；

(2) 不同水深分别冲刷单桩 2 h，观测并记录桩基冲刷形状、深度等；

(3) 不同水深分别冲刷群桩 2 h，观测并记录桩基冲刷形状、深度等情况，并对照不同组合群桩情况，可如下图所示布置，如有兴趣可以考虑三根桩组合；

(4) 测量完毕，整理实验仪器。

①桩轴线沿水流方向　　　　②桩轴线垂直水流方向

图 4.13.1　群桩布置方式

4.13.5　实验结果及要求

比较同样水力条件下，单桩和群桩的冲刷坑尺寸，试分析其成因。

桩径 $d=$ ＿＿＿＿＿＿ cm，波高 $H=$ ＿＿＿＿＿＿ cm，波周期 $T=$ ＿＿＿＿＿＿ s。

表 4.13.1　单桩观测记录表

实验次序	1	2	3
水深 d(cm)			
沙坑尺寸(长×宽×深)(cm)			
桩力(N)			

表 4.13.2　群桩观测记录表

实验次序	1	2	3
水深 d(cm)			
1 号沙坑尺寸(长×宽×深)(cm)			
1 号桩桩力(N)			
2 号沙坑尺寸(长×宽×深)(cm)			
2 号桩桩力(N)			
3 号沙坑尺寸(长×宽×深)(cm)			
3 号桩桩力(N)			

第 5 章
港航专业综合实验

本章内容以解决港口、航道、海岸工程中涉及的实际工程问题为依据,将港口、航道与海岸工程专业多门课程的基础教学实验集合成内容紧密联系、理论结合实践的综合型实验,旨在培养学生结合所学专业知识独立设计与完成实验的能力。

通过本章的学习,学生应能掌握物理模型实验基本的流程、内容、方法和解决问题的能力,熟悉使用实验室内仪器设备,能结合规范要求与先修课程所学内容串联知识,确定实验方案并组织实施,增强对港航工程的总体认识,掌握实验报告撰写的内容与要点,培养独立思考和解决问题的能力,为今后从事设计或科研工作中完成物理模型实验打下坚实基础。

本章以某人工岛直立岸壁项目为例,简化后作为综合实验内容,模拟实际工程实验过程,其中涉及流速与流量测量、压力测量、波浪要素测量、波浪对直立堤的作用、防波堤护面块体稳定实验等多个基础实验,但在实际教学中不限于此类项目,可以结合实际工程案例选取不同的基础教学实验设计多样的综合实验。因篇幅所限,本章仅以此例展开叙述。

5.1 实验资料

5.1.1 概述

某人工岛项目,原有护岸常年受风浪作用,护岸护面已经出现大面积坍塌、损毁,不能起到应有的防护作用,部分后方陆域已经被严重掏空,严重危及后方拟建生态绿道和后方居民生命财产安全。一旦遭遇较大风暴潮和台风袭击,护岸存在坍塌的危险,急需进行全部岸线整治修复和加固。

该项目主要是对已有护岸进行修复,修复完成后将显著提高护岸的防护等级,改善现有基础设施,提高护岸的防灾减灾能力,把沿海一线打造为功能和景观一体化的公共滨水岸线,使其成为亮丽的风景线,提升对游客的吸引力。

该项目最大水深超过 9 m。设计考虑了直立式和斜坡式两种护岸方案。为了优化比选断面型式,验证结构稳定性,并对设计断面的可行性、合理性提出建议,需进行断面模型实验,选择最佳方案,以满足使用的功能要求。

5.1.2　实验条件

1. 试验水位(潮位基准面为 1985 国家高程基准)

该工程项目的极端高水位为 3.22 m,设计高水位为 3.00 m,设计低水位为 1.80 m,极端低水位为－1.86 m。

2. 实验波浪要素

断面采用的设计波要素(E 向,国际单位制)见表 5.1.1。

表 5.1.1　设计波要素表

水位	$H_{1\%}$	$H_{5\%}$	$H_{13\%}$	T
极端高水位	3.35	2.80	2.38	8.7
设计高水位	2.91	2.43	2.06	8.4
设计低水位	2.84	2.38	2.02	8.4
极端低水位	1.70	1.45	1.25	8.4

3. 仪器设备

模型实验采用的仪器设备包括:实验水槽及造波机、波高传感器、压力传感器、数据采集系统、越浪测量装置、波高传感器率定装置、压力传感器率定装置及激光水平仪等。

5.1.3　实验断面

护岸断面如图 5.1.1 所示。

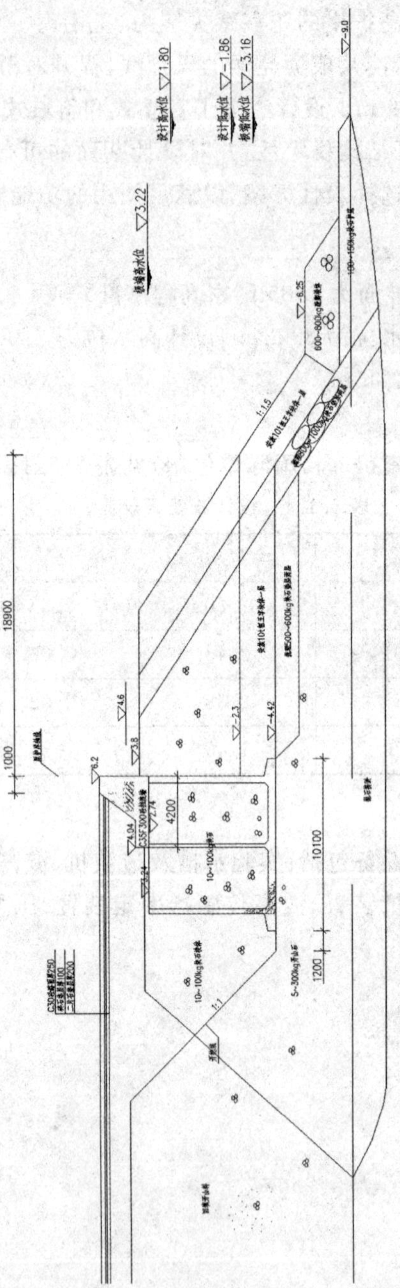

图5.1.1 护岸断面图（高程单位：m，长度单位：mm）

5.1.4　实验依据及应遵守的规程

现行的实验规程包括《波浪模型试验规程》(JTJ/T234—2001);《港口与航道水文规范》(JTS145—2015);《防波堤设计与施工规范》(JTS154-1—2011)。

5.1.5　实验内容与要求

在极端高水位、设计高水位和设计低水位条件下,采用 $H_{1\%}$ 波要素(规则波)测定挡浪墙及沉箱的稳定性,并给出挡浪墙、沉箱迎浪面所受最大水平波浪力及浮托力,测量计算反射系数。

在极端高水位、设计高水位、设计低水位条件下,采用 $H_{1\%}$、$H_{5\%}$、$H_{13\%}$ 波要素(规则波)测定断面护面块体、蹬脚棱体、块石垫层、护底块石等的稳定性,并且给出护面块体、护底块体的型式、重量和宽度建议。

在极端高水位、设计高水位、设计低水位条件下,采用不规则波测定直立式断面堤顶越浪情况,给出越浪量及越浪影响范围。

沿虚线将直立式岸壁改成斜坡式岸壁,实验内容与直立式相同,比较直立式岸壁与斜坡式岸壁的优缺点,并给出该工程选型的建议。

5.2　实验准备及要求

5.2.1　测量仪器的率定

在水槽或率定池内安装好波高仪,检查仪器连线,确保所有信号正常。

控制水位由浸没波高仪 30 cm 处逐步降低到浸没 5 cm 处,每次降低水位 3～4 cm,降水位前将此时的电压值与浸没波高仪的水位同时记录,依照仪器说明至少记录 7 次,寻找电压值与水位值的线性关系,作为仪器的率定系数。

压力传感器的率定与波高仪的率定过程相同。

5.2.2　模型比尺的确定

影响模型比尺的因素一般有:

(1)实验范围。即模型制作时应制作的建筑物和海区范围,此时应考虑不同方向波浪作用时共同的有效区域。此时实验水池的大小及造波宽度往往起限制作用。

(2)水工建筑物尺度。从实验准确性方面考虑,为减少比尺效应,希望比尺小一些,即模型大一些,但比尺过小,往往会受到实验场地和造波能力的限制。

（3）波浪要素。每一台造波机的造波能力是一定的,实验波要素应限制在造波机的最佳的造波范围,即合理的波高值和周期值。如果试验范围过大,必须保证波要素不能过小,否则水的黏滞力和表面张力将起显著作用,不能满足重力相似准则。

（4）边界条件。水工建筑物与造波机、水池边界的距离应满足规范要求。规范规定,进行整体模型实验时,实验水池中造波机与建筑物模型的间距应大于 6 倍平均波长,模型中设有防波堤堤头时,堤头与水池边界的间距应大于 3 倍平均波长,但突堤堤头与水池边界的距离应大于 5 倍平均波长。进行断面模型实验时,建筑物与造波机间的距离应大于 6 倍平均波长,如果要测量建筑物后的波浪要素,建筑物模型与水槽尾部消波器间的距离应大于 2 倍平均波长。

（5）造波板前水深。造波板前水深不能太浅,否则可能无法制作出所需的依据波(特别是采用极限波高进行试验的时候);但是也不能太深,造波板前水深与所造波浪的波高值之和不能超过造波板的高度,否则将影响造波机的使用。

（6）测量仪器的精度。仪器均有一定的测量精度,如果比尺过大,会导致波浪要素变得很小,测量的物理量也会因此变小,从而使得测量值中误差的比重变得大,影响所提供实验数据的精度。

对于断面模型实验,还要考虑以下几个方面:

（1）断面实验用于验证正向浪作用下试验结构的一些特性,一般只考虑波浪的影响,而不制作地形,其模型比尺主要根据建筑物尺寸、水深条件及造波机的造波能力确定。

（2）在确定模型比尺时不能只考虑单个结构的高度和宽度,而应在宽度方向上留出一定的富裕量。

（3）在对沉箱等重力式结构进行稳定试验时,一般制作一个完整结构放在水槽中间,该结构严格按重力相似准则和几何相似准则制作模型,两边放置几何相似的结构模型即可。

（4）进行孤立式结构断面实验,结构与水槽壁间的距离要求更大,结构为圆形时一般为 3 倍结构直径或结构在水槽宽度方向上的投影。

（5）如果实验要求按梯度增加波高或周期进行试验,在考虑标准波浪条件的同时,还要为增大波高和周期留出余地。

由于断面实验用于研究波浪与建筑物的直接作用,为减少试验模型的缩尺影响,使实验结果更加真实,测量的数据更加准确,断面实验采用的模型比尺一般较小。《波浪模型试验规程》(JTJ/T234—2001,以下简称试验规程)对不同结构断面模型实验的长度比尺作了规定,具体如表 5.2.1 所列。

表 5.2.1　断面物理模型长度比尺

序号	建筑物型式	模型长度比尺
1	斜坡式、直墙式、水下管线	≤40
2	桩基、墩柱	≤60
3	浮式	≤80

5.2.3　依据波实验要求

所谓依据波是指在波浪物理模型实验中作为依据和基准的波浪,依据波实验就是在实验室中通过调整造波设备控制参数及实验水位,制作出实验要求的基准波浪的过程。

依据波实验中模拟的波浪应该是某海区进行建设建筑物之前,采用数学模型从外海推算至拟建工程处、或距离工程较近区域一定水深处的波浪。

进行依据波实验时模拟的自然环境条件,如海底地形、水深等应与数模计算时设定的一致,这样才能确保依据波的准确。

如果工程建设之前,周边已存在建筑物,且该建筑物对传播至工程区域的波浪有影响,那么进行依据波实验前必须将这些建筑物一并放在模型制作区域以内,且根据设计图,按几何相似准则制作出这些建筑物的模型。

依据波实验在海底地形模拟制作完成后、拟建水工建筑物模拟制作前进行。

模型的初始入射波,规则波波高不应小于 2 cm,波周期不应小于 0.5 s;不规则波有效波高不应小于 2 cm,谱峰值周期不应小于 0.8 s。

对于规则波,将波高、周期转化为造波机输入参数模拟波浪,采集不少于 10 个完整波形,取平均值为平均波高、平均周期代表值,若代表值均在允许偏差 ±5% 范围内,则需再重现两次以消除偶然性,保证率波的可靠性。

对于不规则波采用频谱模拟,将给定的有效波高及周期输入计算机进行波

谱模拟,经过修正后,使峰频附近谱密度、峰频、谱能量、有效波高等满足实验规程要求。即

(1) 波能谱总能量的允许偏差为±10%;

(2) 峰频模拟值的允许偏差为±5%;

(3) 在谱密度大于或等于 0.5 倍谱密度的范围内,谱密度分布的允许偏差为±15%;

(4) 有效波高、有效波周期或谱峰周期的允许偏差为±5%;

(5) 模拟的波列中 1%累积频率波高、有效波与平均波高比值的允许偏差为±15%。

每组波要素的波列都保持波个数在 100 以上,根据实验要求,针对不同断面,在各个水位依据给定的波浪要素进行率定,将最后得到的造波参数存储在计算机中。实验时,依据对应率定好的造波信号进行造波。

当水深条件限制,建筑物模型处不能产生要求的波浪要素时,可在建筑物模型前加大地形底坡坡度,加大后的坡度不应陡于 1∶15。

当波浪模型实验采用规则波时,规则波的平均波高和波周期的允许偏差为±5%。波浪和水流共同作用时,波浪和水流应采用同一比尺,并符合下列规定:

(1) 实验基本资料分别给出波浪和水流要素时,应在实验水槽或水池放置建筑物前,在研究区域先模拟水流的流速和流向,再模拟无流时的波浪,并进行合成;

(2) 实验基本资料给出波浪和水流合成要素时,可先进行波、流分离,再模拟要求的水流和波浪。

5.2.4 模型制作要求

1. 斜坡式建筑物模型制作

模型制作遵循几何相似和重力相似的原则,斜坡堤结构一般为:顶部为混凝土胸墙,堤心为 10～100 kg 或 800 kg 以下混合级配的块石,坡面采用人工块体或大块石护面,护面层下部为一定重量的垫层石,临海侧坡脚为抛石棱体镇压层。

斜坡式建筑物模型的制作主要是组成斜坡堤的各种构件的模拟制作。

在进行模型制作时,对于上述结构中的护面大块石、垫层石、抛石棱体通常采用挑拣的方式选取,具体方法是先用天平称出各类块石上限和下限的块石模型重量,然后参照该范围的块石尺寸在碎石堆中挑选,挑选时应注意挑选近乎圆形的块石,片石的含量应严格控制,选出后逐个称重,误差范围控制在±5%之内,剔除不合格者。

胸墙和护面块体模型用模具制作。模具一般为木质和有机玻璃,前者较为常用,原因是木材易于切割,且制作出的混凝土模型气泡较少。制作前实验人员先用 CAD 画出构造图,并详细标明各部位尺寸,然后交由模具制作人员并详细说明制作要求。制作模具时要保证两点:一是尺寸的准确,二是易于脱模。常见的块体,如扭王字块、扭工字块,形状较为复杂,应将模具分为几部分,然后进行拼装。部分常用块体的制作模具见图 5.2.1 和图 5.2.2。图 5.2.3 所示为某工程断面模型试验中胸墙的制作模具。

制作构件的材料一般为快硬水泥或腻子粉,这两种材料凝结速度快,且易于脱模。一般情况下,全部采用上述材料制作出的模型,其重量较根据构件原型换算成的模型重量轻,因此在制作时应掺入适量铁砂。铁砂的掺入量需要在制作过程中逐渐摸索,例如,在制作人工块体模型时,可以先制作一个,然后烘干、称重,根据实际重量和块体模型标准重量的差值确定铁砂的掺入量,其后制作模型时掺入等量的铁砂即可。

构件制成后,应进行尺寸和重量的校核。对于一些大型的构件,如斜坡堤的胸墙等,其几何尺度允许偏差为±1%,且应控制在±5 mm 之内。有重心和质量相似要求的建筑物构件,其重心位置允许偏差为±2 mm,质量允许偏差为±3%。对于单个护面块体,如扭王字块体、扭工字块体等,其重量的允许偏差为±5%。

斜坡式建筑物护面块体的模拟,当需要检验其强度时,应模拟护面块体的抗弯强度,其允许误差为±10%。

斜坡堤胸墙一般为现浇混凝土结构,其底部与堤心石间的摩擦系数较大。因此,为保持模型与原型结构的相似性,在制作斜坡堤胸墙模型时,应在其底部进行加糙处理,并测量其摩擦系数。加糙的方法是采用倒置的方法制作胸墙模型,即制作模型时将胸墙底面朝上,浇筑完混凝土后在其表面插入一定长度的碎石(碎石露在表面的长度视摩擦系数而定,一般 1 cm 左右即可)。

以下是几种常用块体模型的制作模具。

图 5.2.1　扭工字块体、扭王字块体制作模具

图 5.2.2　四脚空心方块制作模具

图 5.2.3　制作中的胸墙模型

2. 直立式建筑物模型的制作

直立式建筑物包括两种型式,一种是整体式,如沉箱结构和浆砌石结构;一种是组合式,如方块结构。

整体结构的模型制作方法有两种：如果为薄壁结构，如沉箱、圆筒，在设计模具时需要内外支模，这时制作模具较为复杂；如果为实体结构，如浆砌块石或混凝土结构，只制作外模即可。

薄壁结构构件的模型制作：因薄壁结构的外壁较薄，换算成模型值后仅有数毫米厚，因此无论制模、填充混凝土还是拆模均有较大难度，即使模型制作成功，在往水槽内吊装、填充碎石时也很难保证其不受损坏。所以，如果模型尺寸较大，应采用其他材料，如钢板、有机玻璃等材料制作外壳，通过一定的技术手段使其达到混凝土模型的效果。具体方法是：将薄壳结构的底板和外壁围成一个凹槽，在凹槽内的底板上通过焊接或绞丝的方法固定一定长度和数量的铁钉，并将一定长度的铁丝焊接在铁钉上，形成铁丝网，然后将结构倒置在地面上浇筑混凝土并抹平，这样可保证底板的摩擦系数与混凝土模型一致。在制作结构模型、向结构内填充碎石并配重时，适当提高配重铁砂的位置，确保结构中心与混凝土模型一致。

方块结构构件的模型制作：方块结构由不同尺寸的方块组成，制作结构模型前，应先制作模具，然后用快硬水泥制作方块模型。如果方块结构带有胸墙，也需要通过制作模具的方式制作胸墙模型。

直立堤结构的模型总重量在配重后，其尺度允许偏差为 $\pm 1\%$，且应控制在 ± 5 mm 之内，其重心位置允许偏差为 ± 2 mm，质量允许偏差为 $\pm 3\%$。

5.3 模型试验内容及要求

5.3.1 稳定性试验

进行断面稳定性试验时，每个水位条件下模拟原体波浪作用时间取 3 h（原体值，下同），以便观察断面在波浪累积作用下的变化情况。护面块体的稳定性试验，根据实验规程规定，每组至少重复 3 次。当 3 次实验现象差别较大时，增加重复次数。每次试验护面块体均重新摆放。

（1）护底块石稳定性判断。在波浪累积作用下观察护底形状改变情况，依据其表面是否发生明显变形、是否失去护底功能判断其稳定性。

（2）护面块体稳定性判断。在波浪作用下，单层铺砌的护面块体，其累积位移超过单层块体的厚度时即失稳。

（3）挡浪墙稳定性判断。胸墙的失稳形式为滑移与倾斜，实验通过测针或可刻度标记判断其稳定,用刻度尺测量其位移变化。有明显位移或在波浪累积作用下继续加大的判断为失稳。有微小位移(一般取模型值≤1 mm)但在波浪累积作用下不再发展的判断为临界稳定。

5.3.2 波浪力的测量

依据实验规程和技术要求,重新制作木质挡浪墙,在挡浪墙迎浪面、底面和顶部(由于越浪产生的波压力)布置点压力传感器测定波浪力,不规则波作用下,连续采集 100 个以上波作用的波压力过程,模型采样的时间间隔为 0.02 s。实验时在静水条件下,对所有测点标零,在静水面以下的测点以此时的静水压强作为对应测点的零点,在静水面以上的测点以此时的大气压强作为零点。实验采集到的压强值为测点实际压强与标零时测点对应压强的差值,亦即所受到的波浪动水压强。若挡浪墙设计有反射弧,圆弧处测点根据其所在位置分解为水平力和垂直力,并与其他测点求和,得到水平总力和垂直总力。单位长度波浪力按下式计算:

$$F(t) = \sum p_i(t)\, s_i \tag{5.3.1}$$

式中,F 表示所受到的波浪力(kN/m);p_i 为各测点实测压强(kPa);s_i 为测点所代表的面积(m²),常以单宽面积,即每延米上面积计算。

依据《波浪模型试验规程》JTJ/T234—2001 和实验技术要求,在沉箱的底部、迎浪面布置点压力传感器来进行测定。对于规则波作用,连续采集 10 个以上波作用的波压力过程;对于不规则波作用,连续采集 100 个以上波作用的波压力过程。模型采样的时间间隔为 0.02 s。实验时在静水条件下,对所有测点标零,在静水面以下的测点以此时的静水压强作为对应测点的零点,在静水面以上的测点以此时的大气压强作为零点。试验采集到的压强值为测点实际压强与标零时测点对应压强的差值,亦即所受到的波浪动水压强(试验所给浮托力结果不包含静水浮力)。

5.3.3 越浪量、水舌厚度及落点的测量

1. 越浪量

对于越浪量的测定是在堤顶胸墙上方用接水装置收集越浪水量,通过测量重量或体积得到模型的越浪量。不规则波接取一个完整波列的越浪水体总量作为相应历时的总越浪量,然后计算单宽平均越浪量。按相似准则,将模型越浪量换算成原型越浪量。单宽平均越浪量按下式计算:

$$q = \frac{V}{bt} \tag{5.3.2}$$

式中,q 为单宽平均越浪量[m³/(m・s)];V 为 1 个波列作用下的越浪总水量(m³);b 为收集越浪量的接水宽度(m);t 为 1 个波列作用的持续时间(s)。

越浪量测量方式目前有以下三种:

(1) 称重法。常用水泵将集水箱中的水抽入放置于台秤上的水桶中,称量水体重量换算成体积即可得到越浪量。但试验中常遇到收集水量较大,未称重时已溢出集水箱,造成测量数据不准,因此河海大学的实验人员对此法进行了多种改进的尝试,提出了一种越浪量的测量装置,如图 5.3.1 所示。

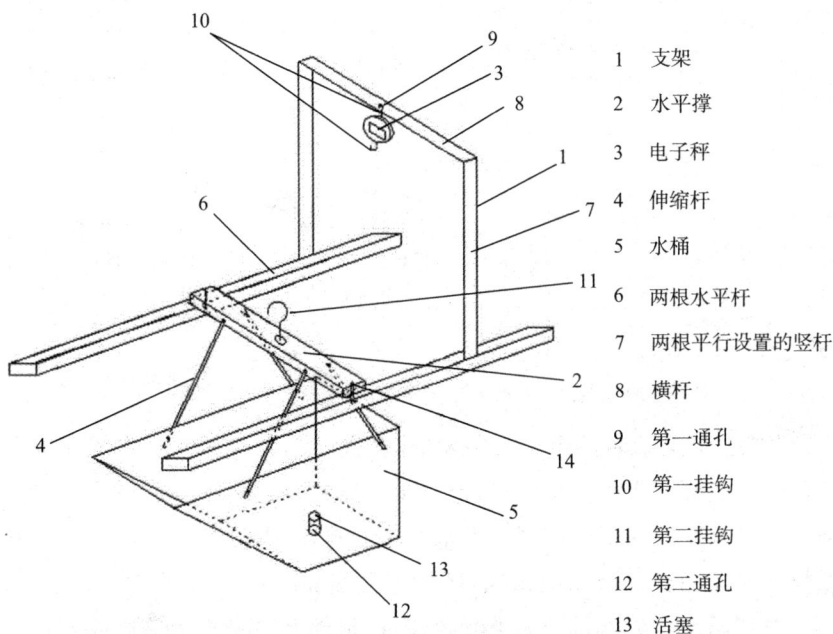

1	支架
2	水平撑
3	电子秤
4	伸缩杆
5	水桶
6	两根水平杆
7	两根平行设置的竖杆
8	横杆
9	第一通孔
10	第一挂钩
11	第二挂钩
12	第二通孔
13	活塞

图 5.3.1　一种波浪物理模型试验越浪量测量装置

图示装置在进行波浪物理模型实验测量越浪量时,需要将支架的两根水平杆安放于实验水槽上方固定,将电子秤上端的第一挂钩挂在支架的横杆上的第一通孔上,用伸缩杆将水桶与水平撑连接起来,将水平撑和下面的水桶通过第二挂钩挂在电子秤下端的第一挂钩上称量质量 m_1,根据试验时的实验水深,适当调整伸缩杆长度并锁止,使其适应水位,此时实验的方形水槽末端就可以架在水桶边沿,并进行越浪量测量实验;在一组试验完成后,操作人员将水平撑连同水桶一起,再将第二挂钩挂到电子秤下端的第一挂钩上称量总质量 m_2;每一组实验测得的越浪量质量为 $m_1 - m_2$,再换算成体积。该装置,避免水的外溅,使测量结果更为准确,并能有效节省人力、物力,适应不同的水深的情况,测量越浪量时不需要将水倒出，能避免水的外溅，使测量结果误差更小、更为准确；测量越浪量的过程只需要一人就可以完成所有操作，且操作人员不需要一直扶着测越浪量的水桶，节省人力、物力。浙江省水利河口研究院的实验人员改进成自动化装置，如图 5.3.2 所示。

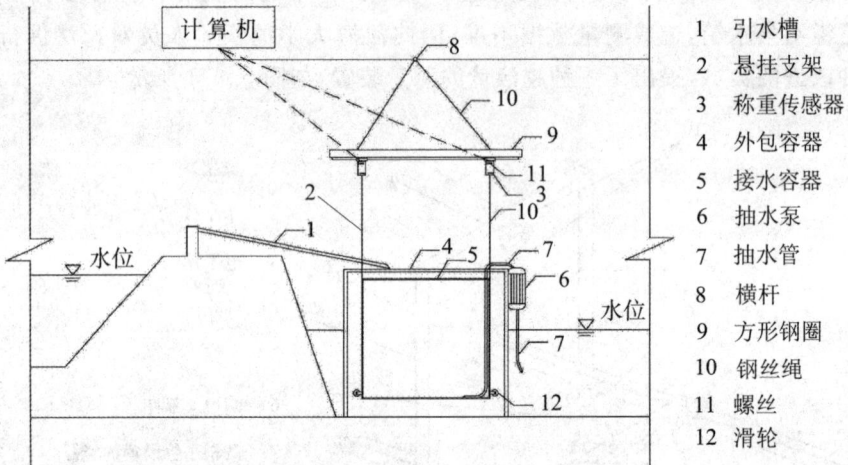

1	引水槽
2	悬挂支架
3	称重传感器
4	外包容器
5	接水容器
6	抽水泵
7	抽水管
8	横杆
9	方形钢圈
10	钢丝绳
11	螺丝
12	滑轮

图 5.3.2　一种越浪量实时测量装置

　　（2）流量法。随着流量测量设备的发展，交通运输部天津水运工程研究所的实验人员将流量计引入越浪量测量，可直接测出越浪的水体体积，如图 5.3.3 所示。通过受潜水泵控制系统控制的潜水泵实时排出越浪水体，并经流量计和数据记录仪实时监测越浪水体的情况，既能够测量试验时间段内的总越浪量，又能够通过监测越浪过程测量最大单波越浪量，能够及时排出水箱内的越浪水体，适用范围广，适用于实验周期较长、总越浪量较大的试验，无须担心越浪水体体积量过大超过集水容器容积的情况发生，对实验总越浪量范围具有较高的包容性；无须测量完成后进行集水容器（水箱）排空作业，可连续进行多个波列的测量实验。

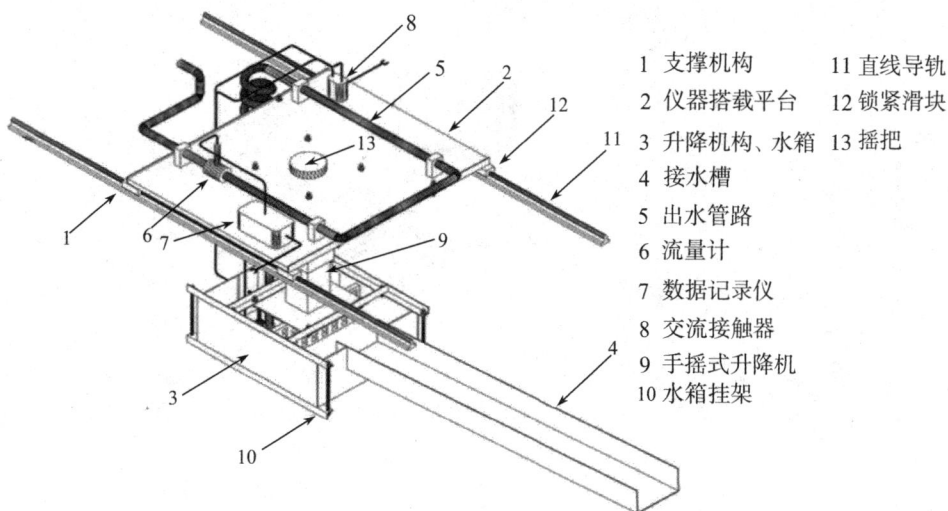

1 支撑机构	11 直线导轨
2 仪器搭载平台	12 锁紧滑块
3 升降机构、水箱	13 摇把
4 接水槽	
5 出水管路	
6 流量计	
7 数据记录仪	
8 交流接触器	
9 手摇式升降机	
10 水箱挂架	

图 5.3.3　越浪量及越浪过程自动测量仪

（3）液位法。波浪进入集水箱后会造成箱内液位升高，若箱体为规则形状（如立方体、圆柱体），其底面积不变，液位的变化仅与高度呈线性关系，则可以用传感器测出液位变化，再由公式换算成增加的水体体积，即可得到越浪量。相较于传统测量越浪量的装置，该方法在适用范围、单波越浪量的识别能力、稳定性、设备维护成本、设备通用性、实验操作简单性方面均具有明显优势。该方法使用的传感器如河海大学研发的波高传感器（图 5.3.4）、交通运输部天津水运工程研究所研发的水位跟踪仪（图 5.3.5）和江苏科技大学研发的液压传感器（图 5.3.6）。

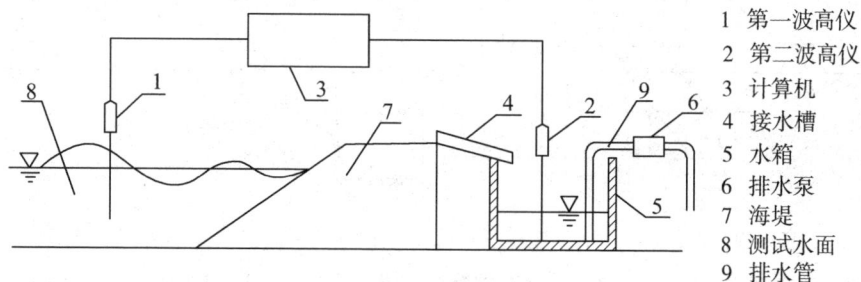

| 1 第一波高仪 |
| 2 第二波高仪 |
| 3 计算机 |
| 4 接水槽 |
| 5 水箱 |
| 6 排水泵 |
| 7 海堤 |
| 8 测试水面 |
| 9 排水管 |

图 5.3.4　一种单波越浪量测量装置

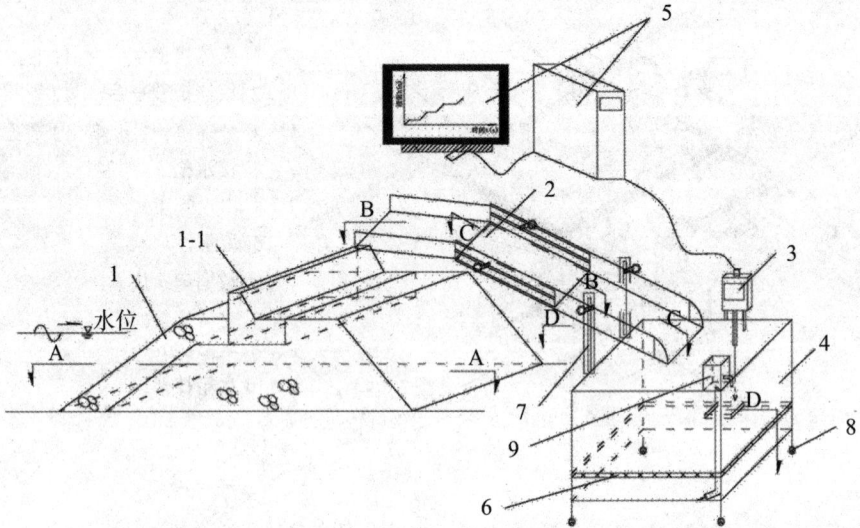

1 海堤模型　1-1 挡浪墙　2 集水槽　3 水位跟踪仪　4 集水箱
5 计算机　6 柔性透水消波片　7 支撑柱　8 行走轮　9 抽水泵

图 5.3.5　一种海堤堤顶越浪量自动测量装置

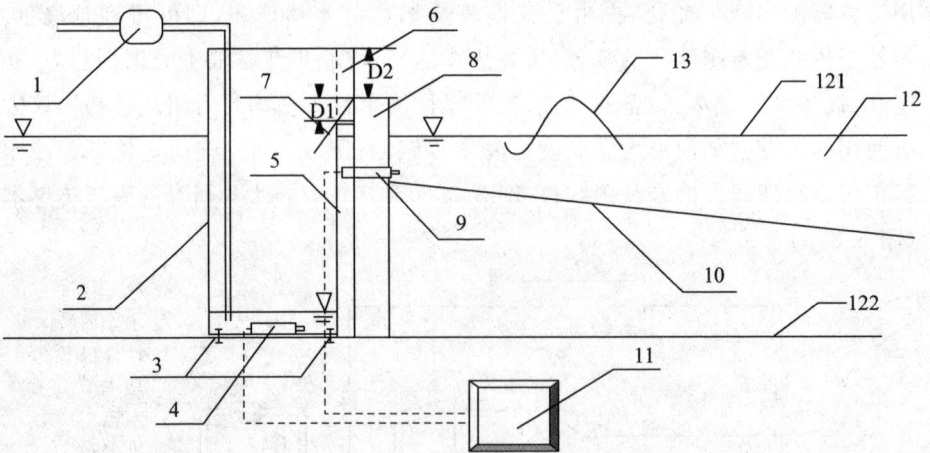

1 抽水泵　2 集水箱　3 膨胀螺丝　4 后置液压传感器　5 入口立板　6 裙板
7 引水板　8 堤体　9 前置液压传感器　10 堤前斜坡　11 计算机　12 水槽
121 水面　122 地面　13 造波机

图 5.3.6　一种基于液压传感器的越浪量测量装置

（4）图像法。基本原理是通过浪高仪或激光扫描仪等设备，对经过堤顶的越浪水面形成图像，然后借助图像分析技术得到越浪量。其缺点是：要求越浪水体在堤顶必须保持连续的单一液面结构，但具有冲击模式特征的越浪水体完全不满足该要求，从而产生严重误差。

2．水舌厚度

水舌厚度指规则波和不规则波实验中越过胸墙顶端水体的厚度，采用直尺或电测法测量。

3．越浪落点

越浪落点位置为波浪落点至胸墙或沉箱迎浪侧墙面距离，常用量尺或视觉测量设备测量。

5.3.4　反射系数的测量

反射波的测量，采用动态水位测量系统同步测量模型前的波形，然后采用合田良实提出的两点法进行分析，即布置两个或两个以上相隔适当距离，同时测得波面过程，利用傅里叶级数方法对资料进行分析，可得入射波与反射波不同频率组成的分量、合成量与相应的反射系数。测点间距 ΔL 满足小于 1 倍波长但不等于 0.5 倍波长，其理由为两点距离为半波长或其倍数时，两点的波面过程线将相同而相位差 $180°$，这样就无法将入反射波分离；两点法不能应用的条件可表述为下式：

$$波长\ L \neq \frac{2}{n}\Delta l \tag{5.3.3}$$

式中，n 为正数，一般 n 取 0 及 1 即可。实际上在 $n=0$ 及 1 的附近，两点法分析结果的误差相当大。合田认为当取 $n=0,1$ 时，两点法的应用范围 n 应限制为 $0.1 \sim 0.9$。即两点相距的最小值 $\Delta l_{\min}=0.05l$，最大值 $\Delta l_{\max}=0.45l$。

将整个波列进行入反射分离后，分别得到入射波高和反射波高，反射系数计算式如下：

$$K'_R=\frac{H_R}{H_I}=\left[\frac{\sum\limits_{m-1}^{n}a_{rm}^2}{\sum\limits_{m-1}^{n}a_{im}^2}\right]^{\frac{1}{2}} \tag{5.3.4}$$

式中，K'_R 为规则波反射系数；H_R 为反射波波高（m）；H_I 为入射波波高（m）；a_{rm} 为反射波波幅（m）；a_{im} 为入射波波幅（m）。对于不规则波，根据波列中谱密度曲线可分离出入射波与反射波谱密度分别为 $S_i(f)$ 及 $S_r(f)$，则入射及反射波能分别为

$$E_i=\int_{f_{\min}}^{f_{\max}}S_i(f)\mathrm{d}f \tag{5.3.5}$$

$$E_r = \int_{f_{\min}}^{f_{\max}} S_r(f)\mathrm{d}f \qquad (5.3.6)$$

$$K_R = \sqrt{\frac{E_r}{E_i}} \qquad (5.3.7)$$

式中，K_R 为不规则波综合反射系数；E_r 为反射波总能量（J/m²）；E_i 为入射波总能量（J/m²）。

5.4 实验过程与步骤

5.4.1 确定模型参数及工况

波浪与斜坡式、直墙式建筑物相互作用的建筑物模型设计，应满足几何相似。与稳定性试验有关的建筑物构件的模型设计，除应满足几何相似外，还应满足质量、重心位置相似。

模型按重力相似准则设计，结构断面尺寸满足几何相似，根据实验场地和实验要求，模型选用几何比尺不能大于 40，如 $\lambda = 20$，即水深比尺、波高比尺、波长比尺均为 20，周期比尺为 4.472，力比尺为 $\lambda = 8\,000$。

依据《波浪模型试验规程》(JTJ/T234—2001)要求，模型结构物及其构件的几何尺度允许偏差为 $\pm 1\%$，且应控制在 ± 5 mm 内。需要验证稳定性的上部结构部分，模型的重心和质量满足与原型相似的要求，重心位置允许偏差为 ± 2 mm，质量允许偏差为 $\pm 3\%$。单个护面块体质量允许偏差为 $\pm 5\%$。

本实验经综合考虑，采用正态模型，模型比尺可选 $\lambda = 25$。将波高、周期、块体重量等按照 1∶25 比尺转换成模型尺寸。按 1∶λ 的比例打印出结构设计断面图，并制作各相关表格，如表 5.4.1、表 5.4.2、表 5.4.3 等。

报告要求包括以下内容（表格格式可变）：

表 5.4.1　依据波工况表

水位		水深	$H_{1\%}$	$H_{5\%}$	$H_{13\%}$	$\overline{T}$
极端高水位	原型					
	模型					
设计高水位	原型					
	模型					

水位		水深	$H_{1\%}$	$H_{5\%}$	$H_{13\%}$	$\overline{T}$
设计低水位	原型					
	模型					
极端低水位	原型					
	模型					

表 5.4.2　实验工况表(表中数据为模型值)

序号	水位(cm)	水深(cm)	波高(cm)	周期(s)	波型	测量内容
1	极端高水位				规则波	水平力、浮托力…
2	极端高水位				不规则波	稳定性、越浪量…
3	设计高水位					
…	…	…	…	…	…	…

表 5.4.3　模型重量一览表

序号	结构类型	原型重(t)	模型重(kg)	备注
1	沉箱箱体			
2	扭王字块			
3	块石垫层			
…	…	…	…	…

5.4.2　筛选块体、制作构件模型

依据模型重量一览表及前文模型制作的要求制作模型构件,并挑选出符合模型重量范围的护面块体及块石,如图 5.4.1 和图 5.4.2 所示。

图 5.4.1　制作模型构件

图 5.4.2　筛选块石、块体

模型上安装压力传感器,并绘制点位图,如图 5.4.3 所示。

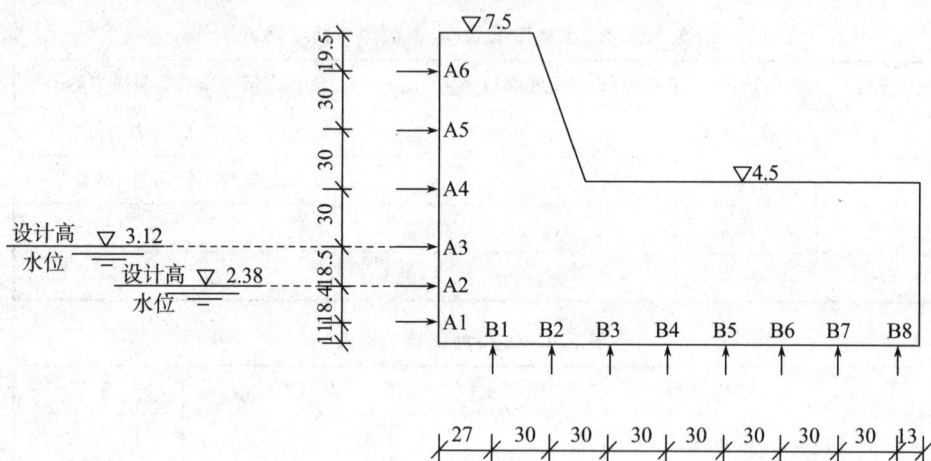

图 5.4.3　压力传感器布置示意图

5.4.3　图纸标线

将设计图贴于水槽模型制作区外面,并利用激光水平仪使设计图中水平线保持水平、水槽底与海底面齐平;用双面胶沿图纸在水槽玻璃外壁上贴出模型轮廓线,并标示出水位、关键高程等。撤出图纸以便按照玻璃外壁上轮廓线制作模型。

5.4.4　依据波实验(率波)

一般情况下,依据波点应位于水深较大、波形平稳处。

在进行波浪整体物理模型试验的时候,为便于制作出所需的依据波,往往将海底地形抬高一定高度,从而增加造波板前的水深,标准地形和池底间通过斜坡连接。

实验时给定的依据波点一般是一定水深处的波浪要素,在进行模型设计时

最好让该点与坡顶间(即依据波点距标准地形最外侧)有一定距离,一般不小于
2 m。

原因是浅水区地形对波浪传播影响较大,当波浪沿斜面传播时有波能集中
现象,当到达坡顶时波高达到最大,而坡顶地形突然变缓后波能突然释放,从而
使该处波高变小且不稳定,当波浪沿标准地形传播一定距离后波形趋于稳定,
因此将依据波点选在与坡顶一定距离处较为合适。

断面模型实验依据波点的选取同整体实验一致,因水槽壁为透明玻璃,依
据波实验时能清楚看到波浪沿斜坡传播规律及到达坡顶时的变化情况。

依据波实验中所模拟的各累积频率波高、周期必须在误差要求范围内。
《波浪模型试验规程》规定,规则波平均波高和周期、不规则波有效波高和有效
周期或谱峰周期的允许偏差均为±5%。

断面物理模型实验一般不制作地形,依据波实验在摆放水工建筑物模型之
前进行。此过程实际是一个"凑波"的过程,即通过反复调整波高、周期、随机因
子等造波机控制参数,制作出实验所需波浪要素。"凑波"过程较为烦琐,需要
操作员有一定的工作经验和足够的耐心。

率波过程如下:

(1) 依据波实验前的准备工作。依据波实验前应完成以下准备工作:

波浪模型设计完成,即将原型波浪要素根据模型比尺换算成模型值,确定
实验海区的波浪谱型;地形制作完成后,将地面清理干净,在水池四周及海岸地
形突变处摆放消波器;对造波机自带波高仪进行率定,率定后的波高仪应有良
好的线性;将波高仪放置在依据波点处,并与造波机连接;水池内放水至试验水
位,调整波高仪高度,确保波高仪率定段位于水位变动区;对造波机进行检查,
确保造波机运转正常。

(2) 打开造波机及控制电脑,进入主控程序。如果在关闭状态下第一次开
启造波机,必须将造波机的推板位于零位上。

1) 设置采样参数。在采集仪主菜单上按"采样设置"按钮。然后在弹出的
主菜单中设置采样长度。如果试验为规则波,输入 1 024,如果为不规则波,则
根据采样间隔和一个波列的波数确定,必须是 2 的倍数,如 4 096 或 8 192。采
样间隔一般不小于 20 ms,波数不少于 100。

2) 设置造波参数。在造波机控制界面设置波高、周期、谱等参数。

3) 造波。将造波参数传输给造波机控制计算机并开始造波。

4) 造波参数修正。波高采集结束后,屏幕显示采集到的波高和周期统计

值,以及计算出的波浪谱型(同时显示靶谱)。如果采集到的波高和周期统计值与标准值相差较大,需对输入的波高、周期值进行适当调整,再次造波,对谱型进行修正,直至采集到的波高、周期值与标准值的偏差在要求范围内、谱型与靶谱相近为止。

5) 重复实验。当波高、周期、谱型满足要求后,重复两遍,并将三次测量结果的平均值作为该工况的依据波代表值。

6) 数据整理。依据波实验后,应对模拟的波浪要素数据进行处理,给出依据波误差表,如表 5.4.4 所列。

表 5.4.4　依据波误差表

序号	水位	目标波高 (cm)	制作波高 (cm)	误差率 (%)	目标周期 (s)	制作周期 (s)	误差率 (%)
1	极端高水位	26.3	26.6	1.2	2.633	2.62	0.49
2	设计高水位	24.4	24.7	1.12	2.633	2.63	0.11
3	设计低水位	16.7	16.9	1.17	2.633	2.62	0.49

5.4.5　模型制作

1. 直立式建筑物模型

图 5.4.4 所示是某断面模型实验中实验模型在水槽内制作完成后的情形。

图 5.4.4　某直立堤模型制作实例

沉箱结构直立堤模型的制作稍微复杂。首先,沉箱结构需要配重,一般情况下,沉箱及其内部填料的总重量较模型设计重量轻,因此需要将部分填料换成铁块或铁砂。该工作需要在沉箱模型摆放前完成,此时应注意结构重心的改变,应将铁砂均匀摆放在仓格内,不能简单放入仓底或仓顶部。如果测量结果偏大或偏小,需要通过改变基床块石的粒径进行调整。

方块结构的直立堤因组成直立堤的方块、胸墙模型严格按几何相似准则和重力相似准则制作,因此方块结构模型制作时按设计图摆放方块和胸墙即可。模型制作的基本步骤如下:

(1)在图纸所示范围填充堤心石并适当密实,要求堤心石表面与图纸堤心石轮廓线齐平。

(2)将沉箱放入水槽,按贴图中的沉箱位置安放;箱体中填充碎石、配重,并整理传感器数据线使其没有弯折且不影响拍摄。

(3)将挡浪墙安放在图纸上相应位置,要求挡浪墙顶部水平、高程准确。

(4)依次放入坡脚棱体块石和垫层石,要求填石表面与图纸中轮廓线齐平。

(5)摆放护面块体,要求相邻块体相互勾连,但摆向不宜相同,块体数量一般为规范计算值的 90%～95%,不宜过密和过疏。

(6)将摆放块体时踩踏的地方重新整理,并清理模型周围的碎石。如果要求观测棱体块石的稳定性,应将棱体块石顶面和坡脚处的少量块石按一定规律(如沿水槽中心线及距离水槽壁一定距离摆放成一条直线)换成染色的标准块石,以便在试验中观测其稳定性。

2. 斜坡式建筑物模型

斜坡式建筑物模型的制作过程与直立式建筑物模型制作过程大致相同,实际是组成斜坡堤的构件的组合过程。本次试验仅需沿图纸虚线将直立式岸壁改造成斜坡式即可。

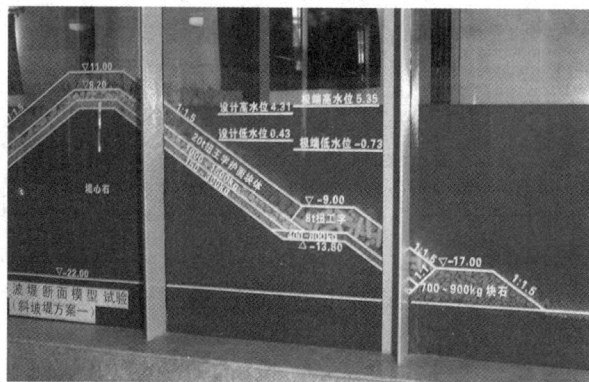

图 5.4.5　某斜坡堤模型制作实例

5.4.6　模型实验

1. 直立式模型

直立堤的模型设计、制作和尺度误差以及波浪作用时间,均可按斜坡堤断面模型实验要求进行。

直墙式建筑物,当观测到堤身发生明显滑动或倾斜时应判定为失稳。建筑物的基床和护底块石表面明显变形时应判定为失稳。

如果是稳定实验,实验前先用小波作用一段时间,然后用标准波浪实验。先采用小波进行实验的目的是让块体、块石自行密实,不至于在大波突然作用下失稳。标准波浪总的作用时间不应少于 2 h(原型值),即一个风暴潮的作用时间。为避免反射波浪的影响,可以分次进行。

如果是波高或波压力测量实验,实验前应根据测点布置图安置好浪高仪或波压仪,并确保仪器处于良好的工作状态。实验时取得的数据应具有规律性,每个工况至少取得三组合理、相近的数据。

实验过程中应仔细观察实验现象,并做好记录(包括照片、影像),以便于正确分析实验现象,撰写实验报告。如果进行数据测量,要将每组次测点位置绘图标明,组次编号与其记录波形要严格对应标明;如果在稳定实验中出现结构失稳现象,应认真分析失稳原因,并及时和设计人员沟通,共同研究出现的问题,制订合理的修改方案。

直墙式建筑物的墙面波压力和底部上托力实验的测点布置应符合下列规定。

(1) 测量墙面波压力分布时,应在静水位处和墙脚各布置 1 个测点。静水位至墙顶及静水位至墙脚之间布置测点均不应少于 2 个。

(2) 测量墙底部上托力分布时,应在墙底的前、后趾各布置 1 个测点,前、后趾间布置测点不应少于 2 个。

(3) 测量开孔沉箱、大圆筒和半圆形防波堤的波压力分布时,应根据要求加密测点。开孔沉箱箱室、大圆筒防波堤连接处、半圆形防波堤拱圈的内外壁及底板上、下均应布置测点。

(4) 测量墙面波压力和墙底部上托力时,根据要求可分别计算下列压力分布:

1) 总水平力最大时的同步压力分布;

2) 总垂直力最大时的同步压力分布;

3) 各测点的最大压力分布。

2. 斜坡式模型

与直立式建筑物模型实验过程大致相同。

斜坡堤断面实验应采用正态模型,模型比尺不应大于 40。造波板与建筑物模型间的距离不应小于 6 倍平均波长。建筑物模型与水槽尾部消波器间的距离应大于 2 倍平均波长。模型波浪作用的累计时间,应根据暴风浪的持续时间确定,但模拟的原型波作用时间不宜少于 2 h。

规则波的模型实验应采用间断造波的方法,当二次反射波到达建筑物前应立即停止测试,待水面平稳后,再进行造波。对无缓启动和缓停机功能的造波机,应注意排除启动和停机产生的个别大波的影响。

护面块体和块块的整体稳定实验,应先用小波连续作用一段时间,待其自然稳定后,再加大到设计波高进行正式实验。波浪累积作用时间应根据当地大浪持续时间(一般为 2~3 h)按时间比尺换算确定。护面块体单位面积抛放数应符合设计要求,抛放条件应尽量与现场相符。在波浪作用下,护面块体的累积位移达到块体的最大尺度时,即为失稳。护面块体的失稳率,一般按静水位上、下一个波高范围内的失稳块数占该范围护面块体总数的百分比计算。失稳率超过规定的容许失稳率时,即认为护面已破坏。

测定挡浪墙墙面波压力和底面浮托力分布,其测点数应根据挡浪墙尺度确定。也可根据实验要求,只测其总压力和总浮托力。

5.4.7　数据处理分析

对实验数据的处理一定要认真,做到一丝不苟。模型实验中测量数据时必须重复多次,每组数据必须符合同一规律,所提供的实验数据应该是至少 3 组数据的平均值。

如果实验数据出现异常,应判明其因由,以科学态度对待,不能轻易取舍。

实验数据的处理及模型值和原型值间的换算要准确,处理完后必须由他人进行校核。

5.4.8　撰写实验报告

撰写实验报告时,要对实验现象进行必要的描述、分析,仔细推敲得出的实验结论,要注意书写工整、规范,语言要简练不留歧义。

实验报告内容包括封面、扉页、摘要、目次、正文、参考文献等。正文包括下列内容:

(1) 引言,包括实验的背景、目的和采取的技术路线等;

(2) 实验依据的基本材料,包括工程概况、工程布置、建筑物结构、水位、波浪及其他资料；

（3）实验内容和技术要求；

（4）模型设计，包括物理模型的相似条件、模型比尺的选择、模型的布置及实验设备和测量仪器等；

（5）模型制作，包括图纸资料、边界和制作精度等；

（6）实验结果分析；

（7）结语，包括实验主要结论、存在的问题及建议等。

格式内容可灵活调整。

第 6 章
实验数据处理

　　各类海岸工程实验,都需要对多种物理参数进行量测,数据处理是物理模型实验的重要内容之一。

　　按照量测方式,测量工作可分为直接测量和间接测量两大类。如用流速仪直接测量流速,则叫直接测量,直接测量有可能达到较高的测量精度。凡是基于量测得到的数据,再按一定的函数关系,通过计算才能求得测量结果的方式,称为间接测量,如根据波群周期来计算波群长度。

　　测量数据可分为确定性和非确定性两类。凡是能用明确的数学关系式描述的数据称为确定性数据;反之则称为非确定性数据。

　　在处理实验数据之前,首先要了解相关的基本概念。

6.1 基本概念

6.1.1 统计特征值

1. 真值

　　真值即真实值,是指在一定条件下,被测量客观存在的实际值。一个物理量的真值通常是不知道的,我们需要去测量它。实验时主要是依靠各种仪器进行测量,由于受到仪器本身精度的限制,以及测量的方法、人的观察力、测量的程序等都不可能完美无缺,因此我们不可能测得某个物理量的绝对真值,实际上测得的只是其近似值。不过,近似的程序有大有小,精度愈高,其误差愈小,则测得的值愈接近真值。一般所说的真值是指理论真值、规定真值和相对真值。

　　(1)理论真值:理论真值也称绝对真值,如平面三角形三内角之和恒为180°。

　　(2)规定真值:国际上公认的某些基准量值,如1960年国际计量大会规定

"一米等于真空中氪86原子的$2P_{10}$和$5d_5$能级之间跃迁时辐射的1 650 763.73个波长的长度"。1982年国际计量局召开的米定义咨询委员会提出新的米定义为"米等于光在真空中1/299 792 458秒时间间隔内所经路径的长度"。这个米基准就当作计量长度的规定真值。规定真值也称约定真值。

(3) 相对真值:相对真值是指计量器具按精度不同分为若干等级,上一等级的指示值即为下一等级的真值,此真值称为相对真值。例如,在力值的传递标准中,用二等标准测力机校准三等标准测力计,此时二等标准测力机的指示值即为三等标准测力计的相对真值。

实验科学中的真值系指观测次数无限多时求得的平均值。在测量中观测的次数为无限多,则根据误差分布定律(即正负误差出现的概率相等),将各观测值相加,并加以平均时,在无系统误差情况下,可能获得接近于真值的数值。通常人们观测的次数是有限的,故根据有限次观测求出的平均值,只能是近似值,或称为最佳值。下面介绍几种常用的平均值。

2. 算术平均值

算术平均值是最常用的一种平均值。设观测值的分布为正态分布,在一组等精度测量中,算术平均值为最佳值或最可信赖值。

设$x_1,x_2,\cdots,x_n$为各次的观测值,n为观测的次数,则算术平均值为

$$\overline{x}=\frac{x_1+x_2+\cdots+x_n}{n}=\frac{\sum\limits_{i=1}^{n}x_i}{n} \tag{6.1.1}$$

下面来证明这些测量值的算术平均值为最佳值。

设$\overline{x}'$为最佳值,x_i为各次测量值。两者之差定义为偏差,即

$$\Delta_i=x_i-\overline{x}' \tag{6.1.2}$$

算术平均值为

$$\overline{x}=\frac{(x_1+x_2+\cdots+x_n)}{n}=\frac{\sum\limits_{i=1}^{n}x_i}{n} \tag{6.1.3}$$

由式(6.1.1)得偏差的平方和为

$$\Delta_1^2=x_1^2-2x_1\overline{x}'+\overline{x}'^2$$
$$\Delta_2^2=x_2^2-2x_2\overline{x}'+\overline{x}'^2$$
$$\Delta_i^2=x_i^2-2x_i\overline{x}'+\overline{x}'^2$$
$$\cdots \tag{6.1.4}$$
$$+\Delta_n^2=x_n^2-2x_n\overline{x}'+\overline{x}'^2$$

$$\sum\limits_{i=1}^{n}\Delta_i^2=(x_1^2+x_2^2+\cdots+x_n^2)-2\overline{x}'(x_1+x_2+\cdots+x_n)+n\overline{x}'^2$$

上述各次测量值与某一值的偏差的平方和为最小时,则称该值为最佳值。也可这样理解,各偏差的平方必为正值,当其和为最小时,从总体来说,代表该值误差最小,此时它所表示的值应为最佳值。

设 $s = \sum\limits_{i=1}^{n} \Delta_i^2$,则 $s = \sum\limits_{i=1}^{n} x_i^2 - 2\,\overline{x}' \sum\limits_{i=1}^{n} x_i + n\,\overline{x}'^2$。

取 s 对 $\overline{x}'$ 的导数,并使其为零。这样可求得 $\overline{x}'$ 值,此时偏差平方和为最小。这说明 $\overline{x}'$ 值最接近真值。

由

$$\frac{\mathrm{d}s}{\mathrm{d}\,\overline{x}'} = -2\sum_{i=1}^{n} x_i + 2n\,\overline{x}' = 0 \tag{6.1.5}$$

得

$$\overline{x}' = \frac{\sum\limits_{i=1}^{n} x_i}{n} = \overline{x} \tag{6.1.6}$$

故知算术平均值即为最佳值。

3. 均方根平均值

$$x_r = \sqrt{\frac{x_1^2 + x_2^2 + \cdots + x_n^2}{n}} = \sqrt{\frac{\sum\limits_{i=1}^{n} x_i^2}{n}} \tag{6.1.7}$$

4. 加权平均值

对同一物理量,用不同的方法去测定,或对同一物理量由不同人去测定。计算平均值时,常对比较可靠的数据予以加权处理,乘以相应权数后平均,称为加权平均,加权平均值定义为

$$\overline{x}_w = \frac{w_1 x_1 + w_2 x_2 + \cdots + w_n x_n}{w_1 + w_2 + \cdots + w_n} = \frac{\sum\limits_{i=1}^{n} w_i x_i}{\sum\limits_{i=1}^{n} w_i} \tag{6.1.8}$$

式中,$x_1, x_2, \cdots, x_n$ 表示各个观测值;$w_1, w_2, \cdots, w_n$ 表示各观测值的对应权数,各观测值的权数可以酌情给定,一般讲只有经验丰富、技术熟练的人,才能对 w 值处理得合适。

5. 中位值

中位值是指将一组观测值按一定大小次序排列时的中间值。若观测次数为偶数,则中位值为正中两个值的平均值。中位值的最大优点是求法简单,而与两端的变化无关。中位值在统计上属于一种次序统计,只有在观测值的分布

为正态分布时,它才能代表一组观测值的中心趋向或最佳值。

6. 几何平均值

几何平均值是将一组 n 个观测值连乘后开 n 次方求得的值,即

$$\overline{x}_g = \sqrt[n]{x_1 \cdot x_2 \cdot \cdots \cdot x_n} \qquad (6.1.9)$$

以上所述的各种平均值,都是从一组观测值中找出最接近于真值的值,也就是说,它最能代表这一组观测值的中心趋向。

平均值的选择主要决定一组观测值的分布类型。我们经常碰到的是正态分布,故算术平均值为最佳值。

6.1.2 误差

在任何一种测量中,无论所用仪器多么精密,方法多么完善,实验者多么细心,所得结果仍常常不能完全一致,而有一定的误差或偏差。严格来讲,误差指观测值与真值之差,偏差指观测值与平均值之差。但习惯上将两者混用而不加区别。

根据误差的性质及其产生的原因,可将误差分为如下几类。

1. 系统误差

误差的数值大小和正负在测量过程中恒定不变或按一定规律变化的误差就称为系统误差,是在测量中未发觉或未确认的因子所引起的误差。系统误差又可分为已定系统误差和未定系统误差。

已定系统误差是指误差的数值和符号已经确定的系统误差。

未定系统误差是指误差数值或符号变化不定或按一定规律变化的误差,未定系统误差也称为变值系统误差。未定系统误差根据它不同的变化规律,有线性变化的、周期性变化的,以及按复杂规律变化的等等。

系统误差产生的原因:

(1) 仪器不良,如刻度不准,砝码未校正;

(2) 周围环境的改变,如外界温度、压力、湿度等的影响;

(3) 个人的习惯与偏向,如读数常偏高或偏低等引起的误差。此种误差在同一物理量的测定中为一定。

系统误差由于它的数值恒定或具有一定的规律性,因此可通过实验的方法找出,并予以消除,或加修正值对测量结果予以修正。

2. 偶然误差

在实际测量条件下,如果已经消除引起系统误差的一切因素,多次测量同一量值时,误差的绝对值和符号以不可预定的方式变化着。也就是说,产生误

差的原因及误差数值的大小、正负都是不固定的,也没有确定的规律性,它的出现具有随机性,或者说带有偶然性,这样的误差就称为随机误差或偶然误差。

偶然误差就个体而言,从单次测量结果来看是没有规律的,它有时大,有时小,有时正,有时负,即大小和正负都不确定。但就其总体来说,即对一个量进行等精度的多次测量后就会发现,随机误差服从一定的统计规律,即符合概率论的一般法则,可通过理论公式计算它对测量结果影响的大小。

3. 粗大误差

粗大误差也称为粗差,是指那些误差数值特别大,超出在规定条件下预计的误差。出现粗大误差是由于在测量时仪器操作的错误,或读数读错,记数记错,或计算出现明显的错误等。粗大误差一般是由于测量者粗心大意造成的,所以粗大误差也称为疏失误差、过失误差。

粗大误差由于误差数值特别大,容易从测量结果中发现,一经发现有粗大误差,可认为该次测量无效,测量数据作废,即可消除它对测量结果的影响。

4. 误差的来源

在任何测量过程中,无论采用多么完善的测量仪器和测量方法,也无论在测量过程中怎样细心和注意,都不可避免地存在误差。产生误差的原因是多方面的,可以归纳如下。

(1) 工具误差。它包括实验装置、测量仪器仪表带来的误差,如实验装置加工粗糙,安装调整不准确和摩擦间隙过大等,仪器仪表的非线性、滞后、刻度不准,以及运动元件之间的摩擦和间隙等带来的误差。

(2) 环境误差。在测量过程中,因环境条件的变化而产生的误差称为环境误差。环境条件主要指环境的温度、湿度、气压、电场、磁场以及振动、气流、辐射等。如温度的变化会引起传感器的零点漂移和灵敏度漂移,微小的振动或电信号干扰都会对高灵敏磁电式仪表和光线示波器的振子产生扰动。

(3) 方法误差。测量方法不正确而引起的误差称为方法误差。测量仪表安装和使用方法不正确,如压力表在水平位置读数时引起的误差按规定应垂直安放读数。测量方法误差还包括测量时所依据的原理不正确而产生的误差,如航空用高度表,它是根据气压随高度改变的规律而确定高度的,但气压并不只是受高度影响,还受温度、气体密度的影响,如不进行修正就会引起误差,这种误差亦称为原理误差或理论误差。

(4) 人员误差。测量者生理特性和操作熟练程度引起的误差称为人员误差。如测量者的感觉器官不正常,视觉的近视、斜视、色盲,听觉不良等。测量者的习惯和精神状态的变化也都会带来误差。

6.1.3 误差的表示法

1. 范围误差

范围误差 L 是指一组测量中的最高值 X_{max} 与最低值 X_{min} 之差，以此作为误差变化的范围。即

$$L = X_{max} - X_{min} \qquad (6.1.10)$$

2. 绝对误差与相对误差

（1）绝对误差。某测量值和真实值之差称为绝对误差（通常称为误差），即

$$绝对误差 = 测量值 - 真值 \qquad (6.1.11)$$

绝对误差可能是正值也可能是负值。

前面已经讲过，所谓真值是指在一定条件下某量的真实值。所以，真值是一个理想概念，一般是不知道的。但在某些特定情况下真值又是可知的，例如，三角形 3 个内角之和为 180°；一个整圆周角为 360°等。一般我们用多次测量的算术平均值作为真值。

（2）相对误差。在实验中，对于误差一般用相对误差来表示。如果说我们测 10 个大气压的压力，要求能准确到 1 m 水柱就够了；但是要想测 0.1 个大气压的压力，即使准确到 0.05 m 水柱，也不能算精确。虽然前一情况下的绝对误差大于后一情况下的绝对误差，并为后者的 20 倍，可是相对误差反而后者为大，为前者的 5 倍。这说明衡量一个测量数据的精确程度时，不能单纯从误差的绝对值考虑，与被测量数据本身的大小也很有关系。

相对误差 δ 的计算：

① 若已知真值，则在验证理论的实验中 δ 多用下式表示：

$$\delta = \frac{x_i - \overline{x}}{x_i} \times 100\% = \frac{\Delta}{x_i} \times 100\% \qquad (6.1.12)$$

式中，x_i 为真值；$\overline{x}$ 为平均值，$\Delta = x_i - \overline{x}$。

② 有时真值为未知数，但测量结果本身的最大误差可根据仪器的精度等级来确定。设其值为 α，则相对误差为

$$\delta = \frac{\alpha}{x} \times 100\% \qquad (6.1.13)$$

3. 算术平均误差

$$\eta = \frac{\sum |d_i|}{n} \quad (i=1,2,\cdots,n) \qquad (6.1.14)$$

式中，n 为观测次数；d_i 为观测值与平均值的偏差。

在同一组测量中，观测值与平均值之差 d_i 的代数和为零。令 $\overline{x}$ 为一组观测

值的平均值，则有

$$d_1 = x_1 - \overline{x}, d_2 = x_2 - \overline{x}, \cdots, d_n = x_n - \overline{x} \qquad (6.1.15)$$

相加则为

$$\sum_{i=1}^{n} d_i = \sum_{i=1}^{n} x_i - n\overline{x} \qquad (6.1.16)$$

因为

$$\sum_{i=1}^{n} x_i - n\overline{x} = 0 \qquad (6.1.17)$$

所以

$$\sum_{i=1}^{n} d_i = 0 \qquad (6.1.18)$$

算术平均误差的缺点是无法表示出各次测量间彼此符合的程度。因为在某一组测量中偏差彼此接近，与另一组测量中偏差有大、中、小的情况下，得到的平均值可能相同。

4. 标准误差（也称均方根误差）

定义

$$\sigma = \sqrt{\frac{1}{n} \sum_{i=1}^{n} (x_i - \overline{x})^2} \qquad (6.1.19)$$

在有限观测次数中，标准误差常用下式计算：

$$\sigma = \sqrt{\frac{1}{n-1} \sum_{i=1}^{n} (x_i - \overline{x})^2} \qquad (6.1.20)$$

σ 值愈小，表明观测值的平均值与真值的偏差愈小，精密度愈高，即平均值的可信赖的程度愈高。

其标准离差系数，可由下式表示：

$$C_v = \frac{\sigma}{\overline{x}} \qquad (6.1.21)$$

标准误差 σ 不仅是一组测量中各观测值的函数，而且对一组测量中的较大误差与较小误差反应比较灵敏，因此标准误差是表示精度的较好方法。

5. 概率误差

概率误差的意义是在一组测量中，具有正误差的观测值，其误差落在 0 与 $+\gamma$ 之间的数目占所有正误差的观测次数的一半；具有负误差的观测值，其误差落在 0 与 $-\gamma$ 之间的数目占所有负误差的观测次数的一半。即在一组测量值中，误差落在 $-\gamma$ 与 $+\gamma$ 之间的观测次数占观测总次数的一半。

它与标准误差的关系为

$$\gamma = 0.674\ 5\sigma \tag{6.1.22}$$

近年来,概率误差已逐渐为标准误差所代替。

标准误差 σ、平均误差 η、概率误差 γ 之间的关系为

$$\begin{cases} \sigma = 1.253\ 3\eta = 1.482\ 6\gamma \\ \eta = 0.797\ 9\sigma = 1.182\ 9\gamma \\ \gamma = 0.674\ 5\sigma = 0.845\ 3\eta \end{cases} \tag{6.1.23}$$

6. 精度

反映测量结果与真值接近程度的量,称为精度。精度高的实验,其误差小。

精度的高低是用误差大小来衡量的,误差大则精度低,误差小则精度高。既然精度与误差相对应,而误差按其性质有系统误差和随机误差,因此精度也有不同的表示方法。

(1)准确度。准确度表示测量结果中系统误差大小的程度。也可以说,由于系统误差而使测量结果与被测量真值偏离的程度。系统误差越小,测量结果越正确。

(2)精密度。精密度表示测量结果中随机误差大小的程度。它是指在一定条件下,进行多次重复测量时,所得测量结果彼此之间符合的程度,随机误差越小,测量结果越精密。

(3)精确度。准确度表示测量结果中系统误差与随机误差综合大小的程度。它综合反映了测量结果与被测真值偏离的程度,综合误差越小,测量结果越准确。

对上述有关精度名词的定义,目前国内外尚不完全统一。有的把精密度简称为精度,也有的把精确度简称为精度。尽管在名词的称谓上有所差异,但其所包含的内容(即系统误差或随机误差或综合误差对测量结果影响的程度)是完全一致的(图6.1.1)。

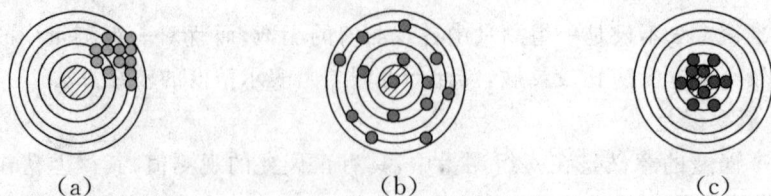

图 6.1.1　(a)准确度不高、(b)精密度不高、(c)精确度高

6.1.4　偶然误差的特征及分布

对某一物理参数进行多次重复测量,会得到一系列含有偶然误差的观测

值。偶然误差,就个体而言时大时小,似乎没有什么规律,但就误差的总体而言,却具有统计规律性。因此,可采用概率论来研究偶然误差的统计规律,以便估计偶然误差对测量结果总的影响程度。

对偶然误差所作的概率统计处理,是在假定系统误差不存在或已被消除或小得可以忽略不计的情况下进行的。

大量实验证明,从统计观点看,特别是当测量次数无限多时,可发现偶然误差具有以下统计规律:

(1) 绝对值相等的正误差与负误差出现的机会大致相等,即偶然误差的分布具有对称性;

(2) 绝对值小的误差比绝对值大的误差出现的机会多,即偶然误差的分布具有"两头小、中间大"的单峰性;

(3) 在一定的测量条件下,绝对值很大的偶然误差出现的机会极少。因此,在有限次测量中误差的绝对值不会超过一定的范围,即偶然误差的分布存在有界性。

随着测量次数的无限增加,偶然误差的算术平均值趋向于零,即

$$\lim_{N \to \infty} \left(\frac{1}{N} \sum_{i=1}^{N} v_i \right) = 0 \tag{6.1.24}$$

式中,v_i 表示随机误差;N 表示测量次数。

实践表明,多数的偶然误差都服从正态分布规律,加之用正态误差定律比其他误差定律更便于处理,故正态分布的误差定律得到广泛应用。

设 x_1,x_2,$\cdots$,x_n 是对被测变量 x 所进行的 n 次观察值,令算术平均值为 $\bar{x}$,标准差为 σ,则偶然误差的正态分布密度函数为

$$f(\xi) = \frac{1}{\sigma \sqrt{2\pi}} e^{-\xi^2 / 2\sigma^2} \tag{6.1.25}$$

式中,$f(\xi)$ 为偶然误差 ξ 的概率密度,$e = 2.718\,2$。

正态分布的密度函数的图形如图 6.1.2 所示,称误差曲线。

分布曲线对称于垂直轴(即 $\xi = 0$),此时误差分布密度达到最大值 $\left(\dfrac{1}{\sigma \sqrt{2\pi}} \right)$;当 $\xi \to \pm\infty$ 时,曲线以 ξ 轴为其渐近线,说明大误差出现的概率小,小误差出现的概率大。

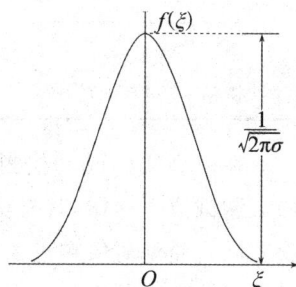

图 6.1.2　误差曲线

当标准误差 σ 减小时,误差曲线在中心部分的纵坐标增大,但由于分布曲线下面的总面积始终等于 1,故曲线中心部分升高,而两侧很快趋近 ξ 轴,呈尖

塔形;反之,当 σ 增大时,曲线形状渐趋平坦,如图6.1.3所示。标准误差 σ 值反映误差的大小,当 σ 值较小时,曲线尖瘦,说明误差小且很集中,测量精度高;反之,当 σ 大时,曲线矮胖,说明误差大且分散,测量精度低。

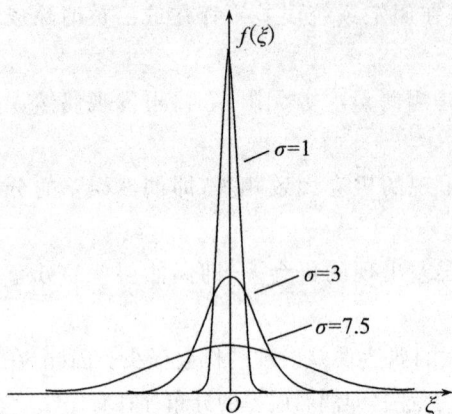

图 6.1.3　标准误差 s 对 $f(x)$ 的影响　　　　图 6.1.4　正态分布的分布函数

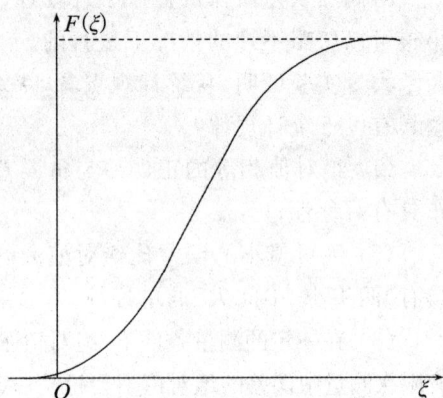

由式(6.1.25)可得正态分布的分布函数为

$$F(\xi) = \frac{1}{\sigma\sqrt{2\pi}} \int_{-\infty}^{\xi} \mathrm{e}^{-t^2/2\sigma^2} \,\mathrm{d}t \tag{6.1.26}$$

其图形如图 6.1.4 所示。显然,正态分布的偶然误差 ξ 落在区间 (ξ_1, ξ_2) 内的概率为

$$P(\xi_1 < \xi < \xi_2) = \int_{\xi_1}^{\xi_2} f(\xi)\,\mathrm{d}\xi \tag{6.1.27}$$

由上式可求得不同 t 时的概率 $P(|\xi| \leqslant t\sigma)$,如表 6.1.1 所列。

表 6.1.1　误差概率表

误差限	$|\xi| = 0$	$|\xi| \leqslant \sigma$	$|\xi| \leqslant 2\sigma$	$|\xi| \leqslant 3\sigma$	$|\xi| \leqslant 4\sigma$
概率	0.00	68.26%	95.44%	99.73%	99.94%

在模型实验或其他测试中,常要根据有限组次的测试值,预测可能出现的最大测试值。这样,就有必要给测试值的偶然误差规定一个极限值 Δ(或简称误差限),而绝对值超过 Δ 的误差出现的可能性很小,称为小概率事件,在实际工作中认为它是不可能事件。这个概率也可称为置信概率。对于不同的学科、不同的测量对象和目的,置信概率取值应是不同的,目前尚无明确的标准。一般认为,在一些与人身事故有直接关系的场合,由于对可靠性的要求很高,几乎要万无一失,其误差限应取 4σ;对一般工程,置信概率通常取 $P > 95\%$,其误差

限可取 2σ；在一般的计量及精密测量中，P 可取 99.73%，亦即 $\Delta = 3\sigma$。

根据所选的误差限，即可采用实验中取得的测量值 x_i 来表示精确值 x 的大小：

$$x = x_i \pm \Delta \tag{6.1.28}$$

x 的置信概率为

$$P(|\xi| \leqslant \Delta) \tag{6.1.29}$$

当采用 $\Delta = 3\sigma$ 时，有 $P(|\xi| \leqslant 3\sigma) = 99.73\%$，即超出 x 值的概率只有约 $1/370$。

上述误差限，还可以用来判断某一给定误差属于偶然误差或是粗大误差；或者判断用不同方法测量同一物理量时，所得结果彼此符合的程度。

显然，对于随机数据来说，不但要知其平均值，还要了解其平均值的变动范围，特别是上限，因为它对海岸工程的设计特别重要。

令 $\hat{x}$ 为未知变量 x 的估计值，设误差不超过某一正数 ε 的概率为 α，则

$$P(|\hat{x} - x| < \varepsilon) = \alpha \tag{6.1.30}$$

这也就是参数 x 位于区间 $(\hat{x} - \varepsilon, \hat{x} + \varepsilon)$ 内的概率。通常把概率 α 称为置信概率，区间 $(\hat{x} - \varepsilon, \hat{x} + \varepsilon)$ 称作置信区间。我们的任务就是要决定数学期望的置信区间。

利用 n 次实验观测结果 $x_1, x_2, \cdots, x_n$，得到算术平均值 $\bar{x}$，它可作为随机变量 x 的数学期望 a 的估计值。

将随机变量 x 标准化，得标准化变量 t 如下：

$$t = \frac{\bar{x} - a}{\sigma / \sqrt{n}} \tag{6.1.31}$$

式中，σ 为形如式 $(6.1.20)$ 的实验值的均方差。

当随机变量 x 服从正态分布时，t 服从自由度为 $(n-1)$ 的 t 分布。

自由度为 n 的 t 分布的概率密度函数如下：

$$f(t) = \frac{\Gamma\left(\dfrac{n+1}{2}\right)}{\sqrt{n\pi} \cdot \Gamma\left(\dfrac{n}{2}\right)} \left(1 + \frac{t^2}{n}\right)^{-\frac{n+1}{2}} \quad (t \in \mathbf{R}) \tag{6.1.32}$$

当自由度 n 取不同数值时,t 分布的概率密度如图 6.1.5 所示。

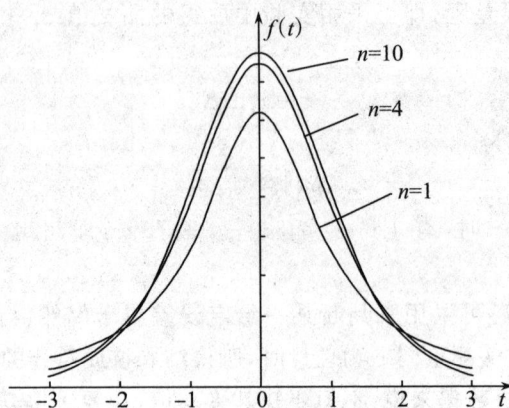

图 6.1.5 t 分布的概率密度曲线

上述密度函数 $f(t)$ 是单峰和对称的,且只与观察次数 n 有关。

利用 t 分布的对称性,若令 $P(|\overline{x}-a|<\varepsilon)=\alpha$,则

$$P(|\overline{x}-a|<\varepsilon)=P\left(\frac{|\overline{x}-a|}{\sigma/\sqrt{n}}<\frac{\varepsilon}{\sigma/\sqrt{n}}\right)=P(|t|<t_{\alpha/2})=2\int_0^{t_{\alpha/2}}f(t)\mathrm{d}t=\alpha \quad (6.1.33)$$

式中,$t_{\alpha/2}=\dfrac{\varepsilon\sqrt{n}}{\sigma}$,因此 $\varepsilon=\dfrac{\sigma}{\sqrt{n}}t_{\alpha/2}$,所以,对应于置信概率

$$\alpha=2\int_0^{t_{\alpha/2}}f(t)\mathrm{d}t \quad (6.1.34)$$

数学期望 α 的置信区间为

$$\overline{x}-\frac{\sigma}{\sqrt{n}}t_{\alpha/2}<a<\overline{x}+\frac{\sigma}{\sqrt{n}}t_{\alpha/2} \quad (6.1.35)$$

给定不同概率 α 和自由度 $(n-1)$ 时的 $t_{\alpha/2}$ 值,据此可得数学期望 α 的置信区间。

6.1.5 间接测量误差的估计

间接测量的物理量是利用直接测量的物理量再通过函数关系计算出来的。如何根据直接测量的误差来估算间接测量的误差? 这就是需要了解误差传递规律,也就是通常所说的函数误差。

设间接测量值 z 与直接测量值 $x_1, x_2, \cdots, x_n$ 间具有下列函数关系:

$$z=f(x_1, x_2, \cdots, x_n) \quad (6.1.36)$$

令直接测量值 x_i 的均方差为 σ_x,其残差为 n_x,则由式(6.1.36)可得

$$z+v_x=f(x_1+v_{x_1}, x_2+v_{x_2}, \cdots, x_n+v_{x_n}) \quad (6.1.37)$$

按照泰勒级数展开,并略去高阶项后可得

$$z + v_x = f(x_1, x_2, \cdots, x_n) + \frac{\partial f}{\partial x_1} v_{x_1} + \frac{\partial f}{\partial x_2} v_{x_2} + \cdots + \frac{\partial f}{\partial x_n} v_{x_n} \quad (6.1.38)$$

将式(6.1.38)减去式(6.1.36)得

$$v_x = \frac{\partial f}{\partial x_1} v_{x_1} + \frac{\partial f}{\partial x_2} v_{x_2} + \cdots + \frac{\partial f}{\partial x_n} v_{x_n} = \sum_{i=1}^{n} \frac{\partial f}{\partial x_i} v_{x_i} \quad (6.1.39)$$

按照上述线性关系的误差传递法则,可得一般函数的误差传递的公式如下:

$$\sigma_x = \sqrt{\sum_{i=1}^{n} \left(\frac{\partial f}{\partial x_i} \sigma_{x_i} \right)^2} \quad (6.1.40)$$

式中,偏导数 $\frac{\partial f}{\partial x_i}$ 称为直接测量误差的传递函数,它表征直接测量误差对间接测量误差的影响程度。根据上述误差传递公式,可求得下列几个复合函数的标准误差。

(1) 和数 $(x_1 + x_2)$ 的均值标准误差等于 $\sqrt{\sigma_{\bar{x}_1}^2 + \sigma_{\bar{x}_2}^2}$;

(2) 差数 $(x_1 - x_2)$ 的均值标准误差等于 $\sqrt{\sigma_{\bar{x}_1}^2 + \sigma_{\bar{x}_2}^2}$;

(3) 倍数 kx_1 的均值标准误差等于 $k\sigma_{\bar{x}_1}$;

(4) 积 $(x_1 x_2)$ 的均值标准误差等于 $\sqrt{x_1^2 \sigma_{\bar{x}_1}^2 + x_2^2 \sigma_{\bar{x}_2}^2}$。

6.2　实验数据的统计检验

模型实验所获得的数据是随机变量。在进行统计分析时,首先应该对数据本身进行初步的加工和处理,以保证统计成果的可靠和正确。统计检验的内容很广泛,本节讨论 3 个问题:① 异常数据的发现与剔除;② 系统误差的检验与消除;③ 分布形式的检验。

6.2.1　异常数据的发现与剔除

在模型测试过程中,由于人为的差错(如测错、读错、记错)或实验条件突然改变而未被发现等原因,导致一批测试数据中混入个别异常数据。一旦发现异常数据,一般应认真找出原因,加以解释和消除,最好多增加几次等精度的测量。只有当难以发现其原因时,才依靠数理统计的准则加以判断和剔除。为了保证数理统计的正确性,必须经异常数据检验后才能对数据进行其他处理。

数理统计中,发现异常数据的方法,主要是针对小子样情况。在正态分布情况下,发现异常数据的准则,应用较普遍的主要有戈罗伯斯(Grubbs)准则、拉伊达(Pauta)准则和肖维勒(Chauvenl)准则。下面以戈罗伯斯准则为例,说明异常数据的处理。

令 $x_1, x_2, \cdots, x_n$ 是来自正态总体 $N(\mu, \sigma^2)$ 的一批小子样测试数据。为了

检验这批数据中是否存在异常数据,先将测量值按从小到大排列: $x_{(1)} \leqslant x_{(2)} \leqslant \cdots \leqslant x_{(n)}$,戈罗伯斯导出了变量的分布:

$$g_{(n)} = \frac{x_{(n)} - \overline{x}}{S} \tag{6.2.1}$$

$$g_{(1)} = \frac{x_{(1)} - \overline{x}}{S} \tag{6.2.2}$$

式中,$\overline{x}$ 为算术平均值;$x_{(1)}$ 为 x 之最小值,$x_{(n)}$ 为 x 之最大值;S 为调整的样本标准差,即

$$S = \sqrt{\sum_{i=1}^{n}(x_i - \overline{x})^2/(n-1)} \tag{6.2.3}$$

设 $g_{(n)}$ 或 $g_{(1)}$ 的概率密度函数为 $f(g)$,选取置信水平 α(一般取 5% 或 1%),于是可由分布密度 $f(g)$ 求出一个极限值 $g_0(n, \alpha)$,使

$$P\{g_{(n)} \geqslant g_0(n, \alpha)\} = \alpha \tag{6.2.4}$$

$$P\{g_{(1)} \geqslant g_0(n, \alpha)\} = \alpha \tag{6.2.5}$$

戈罗伯斯认为,当 $|\overline{x}_{(1)}|$ 或 $\|\overline{x}_{(n)}|$ 大于等于 $g_0(n, \alpha)$ 时,则在置信水平 α,$x_{(1)}$ 或 $x_{(n)}$ 为异常数据,应予剔除。

戈罗伯斯准则是建立在统计理论基础上较为科学、合理的方法。表 6.2.1 为戈罗伯斯标准 $g_0(n, \alpha)$ 值表。

表 6.2.1　罗伯斯标准 $g_0(n, \alpha)$ 值表

n	a		n	a	
	0.05	0.01		0.05	0.01
3	1.153	1.155	17	2.475	2.785
4	1.463	1.492	18	2.504	2.821
5	1.672	1.749	19	2.532	2.854
6	1.822	1.944	20	2.557	2.884
7	1.938	2.097	21	2.580	2.912
8	2.032	2.221	22	2.603	2.939
9	2.110	2.323	23	2.624	2.963
10	2.176	2.410	24	2.644	2.987
11	2.234	2.485	25	2.663	3.009
12	2.285	2.550	30	2.745	3.103
13	2.331	2.607	35	2.811	3.178
14	2.371	2.659	40	2.863	3.240
15	2.409	2.705	45	2.914	3.292
16	2.443	2.747	50	2.956	3.336

6.2.2　系统误差的检验与消除

系统误差和偶然误差往往是同时存在的。一次实验结果的准确与否,不仅取决于偶然误差的大小,也取决于系统误差的大小。测量中是否存在系统误差,必须进行检验、辨别,然后才可设法消除。

由于实验序列数据的大小、符号或数据残差的变化趋势取决于系统误差的变化规律,测量结果中如果存在明显的系统误差,此时可由直接观察来发现。

当偶然误差成分很显著时,一般可采用阿贝-赫梅特准则或马利科夫准则来判断是否存在系统误差。下面主要介绍阿贝-赫梅特准则。

设有一组 n 次测量数据,按顺序为 x_1,x_2,$\cdots$,x_n,相应的残差为 v_1,v_2,$\cdots$,v_n,标准误差为 σ。求相邻残差乘积绝对值的代数和:

$$A = \sum_{i=1}^{n-1} |v_i v_{i+1}| \tag{6.2.6}$$

当 $|A| > \sqrt{n-1}\sigma^2$ 时,可认为测量数组中存在周期性系统误差。

一般认为,当系统误差绝对值 $|\delta|$ 不超过总误差 Δx 有效数字最后一位数的一半,例如:① 当误差用两位有效数字时,$|\delta| < 0.005|\Delta x|$;② 当误差用一位有效数字时,$|\delta| < 0.05|\Delta x|$,此时可认为系统误差可以忽略。

如发现存在系统误差,应立即找出原因,设法予以消除或减弱。海岸工程模型实验中,由于测试系统的零漂、漏电、干扰,线路中的充放电作用,传感器特性差、安装、连接不良等原因,用示波器记录的波形常发现有基线的移动与偏离,严重影响数据处理的真实性,应从根本上予以减弱或修正。

6.2.3　统计分布形式的检验

进行实验数据的统计推断时,最好先确定所研究随机变量的分布规律,从而提高统计推断的准确性。许多统计方法都是以已知分布类型为前提,因此,只有在满足特定分布类型的条件下,才能获得预定的推断精度。为了解决这个问题,需要利用数理统计方法检验分布形式。检验分布形式的方法有许多,因非本书重点,不再叙述,读者可参阅有关书籍。

6.3　经验公式的拟合

变量关系可分为两大类,即函数关系和相关关系。在实验研究中,变量之间多表现为相关关系。研究相关关系一般采用统计的办法,即对大量的实验数据作统计分析,以寻找隐藏在随机性后面的统计规律。回归分析是研究相关关系的一种重要数学工具,在生产和科研中有着广泛的应用。

　　根据实验获得一组实验数据，应用统计办法，寻求变量间的最佳函数关系，借以决定变量间的物理关系，建立简单而实用的检验公式，便于工程应用。

　　经验公式的建立包括两个步骤：

　　(1) 判定公式的类型，写出变量间的数学模式，一般依据理论和因次分析以及实验数据在坐标上的分布规律来判定；在很多情况下，还需凭借实验者的经验和水平。

　　(2) 确定公式中的常数，在统计学上属回归分析，可根据作图或计算来确定。实际上，回归分析的内容包括很多方面，主要有：

　　1) 从一组实验数据出发，分析变量之间存在的函数关系，确定这些变量间的定量关系式，对这些关系式的可信度进行统计检验；

　　2) 进行因素分析，从影响某个量的诸多变量中，判断哪些变量的影响是主要的，哪些是次要的；

　　3) 利用所求的关系式，对所需分析过程进行预报和控制；

　　4) 根据回归分析，选择实验点，对实验进行某种设计。

　　回归分析分为一元回归和多元回归。前者研究两个随机变量之间的关系，后者研究多个随机变量之间的关系。

6.3.1　一元线性回归

　　一元回归研究两个变量间的关系。如两变量间的关系呈线性，则为一元线性回归。在海岸工程模型实验中，一元线性回归问题大量存在，最基本也最广泛，且许多非线性的一元回归问题仍可转化为线性回归问题来处理。

　　1. 散点图与回归线

　　对变量 x 和 y，若通过实验观察到 n 组对应的观测值：$(x_1,\ y_1)$，$(x_2,\ y_2)$，$\cdots$，$(x_n,\ y_n)$。将上述 n 组观测值点绘在坐标纸上，如图6.3.1所示。从图中可以看出，这些实验点不像两个有确定性函数关系对应的点那样，在坐标平面上形成某种曲线，而是比较零散地散布在平面上，所以这种图称为随机变量 x 与 y 的散点图。但从散点图6.3.1中可

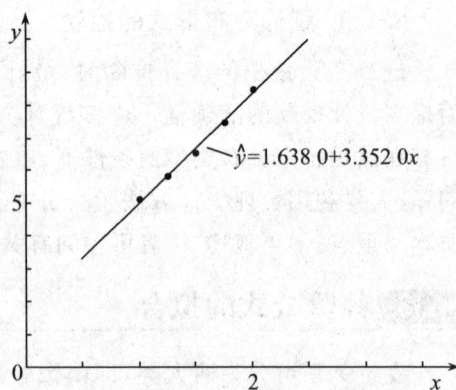

$\hat{y}=1.638\,0+3.352\,0x$

图 6.3.1　实验数据散点图与回归线

以直观看出，两变量之间大致呈线性关系。当然，这种关系并非确定的函数关

系,而是一种相关关系。

这条相关直线所表示的关系,称为变量 y 对 x 的回归直线,也叫 y 对 x 的回归方程。线性回归方程可用下式表示:

$$\hat{y} = a + bx \tag{6.3.1}$$

式中,a、b 为待定常数。

2. 一元线性回归方程的求法

可按最小二乘法原理来求回归方程。设随机变量 y 与 x 的回归方程如式 (6.3.1),此时,待定常数 a 和 b 称为回归系数。将自变量 x 的观察值 $x_i (i = 1, 2, \cdots, n)$ 代入式(6.3.1)可得

$$\hat{y}_i = a + bx_i \tag{6.3.2}$$

这里所求的 $\hat{y}_i$ 是一个估计值,它与相应的观察值 y_i 存在偏差。令偏差为 δ_i,则

$$y_i - \hat{y}_i = \delta_i \tag{6.3.3}$$

或

$$y_i - (a + bx_i) = \delta_i \tag{6.3.4}$$

令

$$Q = \sum_{i=1}^{n} \delta_i^2 = \sum_{i=1}^{n} (y_i - \hat{y}_i)^2 = \sum_{i=1}^{n} [y_i - (a + bx_i)]^2 \tag{6.3.5}$$

式中,n 为观测值的个数,Q 表示 n 个观测值对回归直线总的误差。显然,最佳的回归直线应该使这个误差最小。因此,求回归直线 $\hat{y}_i = a + bx_i$ 的问题,归结为求使 Q 取最小值的回归系数 a 和 b。也就是选择 a 和 b,使误差 Q 达到最小。

根据多元函数求极值的方法,只需令 $\dfrac{\partial Q}{\partial a} = 0$ 和 $\dfrac{\partial Q}{ab} = 0$,即可解得 a 和 b 分别为

$$\begin{cases} b = l_{xy}/l_{xx} \\ a = \overline{y} - b\,\overline{x} \end{cases} \tag{6.3.6}$$

式中,

$$\overline{x} = \frac{1}{n} \sum_{i=1}^{n} x_i \tag{6.3.7}$$

$$\overline{y} = \frac{1}{n} \sum_{i=1}^{n} y_i \tag{6.3.8}$$

$$l_{xx} = \sum_{i=1}^{n} (x_i - \overline{x})^2 \tag{6.3.9}$$

$$l_{xy} = \sum_{i=1}^{n} (x_i - \overline{x})(y_i - \overline{y}) \tag{6.3.10}$$

3. 回归方程的检验

当变量 y 和 x 间确为线性关系时，按上述方法得到的回归方程是有意义的；当 y 对 x 没有线性关系时，也可以用上述方法求得回归方程，但所求的回归方程显然是没有意义的。由于事先我们并不能确切知道 y 和 x 之间有何种关系，尤其是线性化的回归关系，因此须设法予以检验。检验回归方程有许多方法，下面仅介绍相关系数检验法和 F 检验法。

（1）相关系数检验法

已知回归直线 $\hat{y}_i = a + bx_i$，其中回归系数 $a = \overline{y} - b\,\overline{x}, b = l_{xy}/l_{xx}$，由此可得实测点和回归直线间的偏差平方和为

$$Q = \sum_{i=1}^{n} (y_i - \overline{y})^2 [1 - r_{xy}^2] \tag{6.3.11}$$

式中，

$$r_{xy} = l_{xy}/\sqrt{l_{xx}l_{yy}} \tag{6.3.12}$$

$$l_{yy} = \sum_{i=1}^{n} (y_i - \overline{y})^2 \tag{6.3.13}$$

式中，r_{xy} 称为相关系数。由式（6.3.11）可知，因偏差平方和 $Q > 0$，由此可得 $r_{xy}^2 \leqslant 1$ 或 $-1 \leqslant r_{xy} \leqslant 1$。

如图 6.3.2 中(a)、(f)，当 $r_{xy} = \pm 1$ 时，$Q = 0$，即 n 个观测值的对应点(x_i, y_i)全部落在直线 $\hat{y}_i = a + bx_i$ 上。此时，变量 x 与 y 为完全线性相关，即二者存在确定性关系。图 6.3.2 中(b)、(e)表示 y 和 x 间有相关关系；(c)表示 y 和 x 间没有相关关系；(d)表示 y 和 x 间为非线性关系而不是线性关系。相关系数 r_{xy} 的绝对值愈接近于 1，x 与 y 的线性关系愈好。

相关系数 r_{xy} 值代表两变量 x 与 y 间线性相关的程度。当 r_{xy} 为正值时，称为正相关；r_{xy} 为负值时，称为负相关。相关系数的临界值$[r_{xy}]$与观察次数 n 及所给置信度 α 有关。当计算出的$|r_{xy}| > [r_{xy}]$时，就认为变量 x 与 y 间存在线性关系。

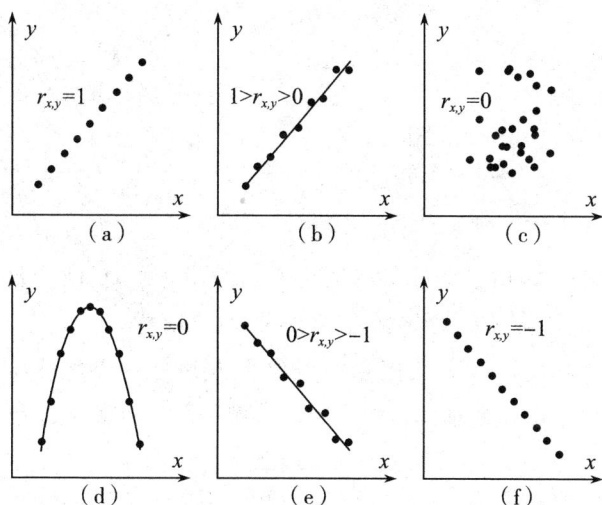

图 6.3.2　相关系数与曲线类型

（2）F 检验

实验数据间的差异，即 y 的变化，是由两部分组成的。一部分是因为 x 的变化而引起的 y 的变化，这也可以看作是因为实验条件不同而引起的差异，称为条件差异；另一部分是因为偶然因素而引起的偶然误差，也称实验误差。如果实验数据中的条件误差比实验误差大得多，就有理由认为条件的变化对实验数据的差异有显著的影响。因此，要检验 x 对 y 的影响程度，必须先将总误差分解为条件误差和实验误差，然后对二者进行比较，得出条件误差是否显著的结论。这种分析误差的方法就是方差分析法。

n 个观察值之间的差异，可用观察值 y_i 与其算术平均值 $\overline{y}$ 的偏差平方和来表示，称为总的偏差平方和：

$$S_{总} = \sum_{i=1}^{n} (y_i - \overline{y})^2 = l_{yy} \tag{6.3.14}$$

而

$$y_i - \overline{y} = (y_i - \hat{y}_i) + (\hat{y}_i - \overline{y}) \tag{6.3.15}$$

经过适当推导，可求得

$$S_{总} = \sum_{i=1}^{n} (y_i - \overline{y})^2 = \sum_{i=1}^{n} (\hat{y}_i - \overline{y})^2 + \sum_{i=1}^{n} (y_i - \hat{y}_i)^2 \tag{6.3.16}$$

等号右边第一项为条件误差，或称回归平方和，记作 $S_{回}$；第二项为实验误差，或叫残差（或称剩余）平方和，记作 $S_{剩}$。于是上式可改写为

$$S_{总} = S_{回} + S_{剩} \tag{6.3.17}$$

式中，

$$S_{回} = \sum_{i=1}^{n} (\hat{y}_i - \overline{y})^2 \tag{6.3.18}$$

$$S_{剩} = \sum_{i=1}^{n} (y_i - \hat{y}_i)^2 \tag{6.3.19}$$

回归平方和 $S_{回}$ 是由自变量 x 的变化引起的，其大小反映了自变量 x 的重要程度。而 $S_{剩}$ 是实验误差对实验结果的影响。这样，通过式（6.3.17）、式（6.3.18）和式（6.3.19），我们就把总的偏差平方和分解为条件误差和实验误差。因此，式（6.3.17）称为总偏差平方和的分解公式。计算统计量：

$$F = \frac{S_{回}/f_{回}}{S_{剩}/f_{剩}} \tag{6.3.20}$$

式中，自由度 $f_{回}=1, f_{剩}=n-2$。

按上述自由度，在给定的信度 α，可得临界值 $F_\alpha(1, n-2)$，在与上面按样本算得的 F 值进行比较。若 $F > F_\alpha(1, n-2)$，则说明条件误差是显著存在的，条件的改变对实验有显著的影响。此时，检验结果表明，y 与 x 之间存在显著的线性关系，其置信水达（$1-\alpha$）。这种用 F 检验对回归方程进行显著性检验的方法，称为方差分析。

在 F 检验中，为了能利用回归系数计算过程中的一些结果，常改用下述公式：

$$\begin{cases} S_{总} = l_{xy} \\ S_{回} = bl_{xy} \\ S_{剩} = l_{yy} - bl_{xy} \end{cases} \tag{6.3.21}$$

进行 F 检验时，为清晰起见，习惯将计算结果列成方差分析表，其格式见表6.3.1。该表把由样本算出的统计量 F 与查表所得的临界值 $F_\alpha(1, n-2)$ 并排列出，以便比较，得出显著性判断。当 $\alpha=0.05$ 时，如检验影响显著，则在显著性栏内填上"*"号；当 $\alpha=0.01$ 时如仍显著，则称高度显著，在显著栏内填上"* *"号；如检验结果不显著，则显著性栏空着。

表 6.3.1　回归分析的方差分析表

方差来源	平方和	自由度	均方	F	$F_\alpha(1, n-2)$	显著性
回归	$S_回$	$f_回 = 1$	$S_回$	$S_回 / f_回$	（查表得）	
残差	$S_剩$	$f_剩 = n-2$	$S_剩/(n-2)$	$S_剩 / f_剩$		
总和	$S_总$	$f_总 = n-1$				

4. 利用回归方程进行预报

建立回归方程的主要目的是探讨物理现象的机理和对新数据进行预报。回归方程只是变量 y 和 x 观察点的最佳拟合线。实际上，所有观测点并不完全落在回归线上，而是散布在回归线的两旁，所以，按回归线求出的变量间的对应关系是有一定误差的。

对于一个给定的 x_i 值，代入回归方程所得到的估计值 $\hat{y}_i$ 只表示与 x_i 对应的 y_i 值的无偏估计值。实际的 y_i 应在 $\hat{y}_i$ 值附近。那么，y_i 值与 $\hat{y}_i$ 值的误差有多大呢？也就是说 y_i 在 $\hat{y}_i$ 附近的什么范围变动呢？这样的预报问题，从统计观点看，是一个区间的估计问题。也就是在一定的显著水平 α 下，寻找一个 δ 值，使得实际的观察值 y_i 以 $1-\alpha$ 的概率落在区间 $(\hat{y}_i-\delta, \hat{y}_i+\delta)$ 内，即

$$P(\hat{y}_i - \delta < y_i < \hat{y}_i + \delta) = 1 - \alpha \qquad (6.3.22)$$

一般地，假设 y_i 和 $\hat{y}_i$ 服从正态分布。利用正态分布的性质，可得

$$\begin{cases} P(\hat{y}_i - 2\hat{\sigma} < y_i < \hat{y}_i + 2\hat{\sigma}) = 95\% \\ P(\hat{y}_i - 3\hat{\sigma} < y_i < \hat{y}_i + 3\hat{\sigma}) = 99\% \end{cases} \qquad (6.3.23)$$

式中，$\hat{\sigma}$ 为均方差 σ 的估计值，可按下式计算：

$$\hat{\sigma} = \sqrt{S_剩/(n-2)} \qquad (6.3.24)$$

于是，可在回归直线的两边，作两条平行于回归直线的虚直线（图 6.3.3）；

$$\begin{cases} y' = a + bx - 2\hat{\sigma} \\ y' = a + bx + 2\hat{\sigma} \end{cases} \qquad (6.3.25)$$

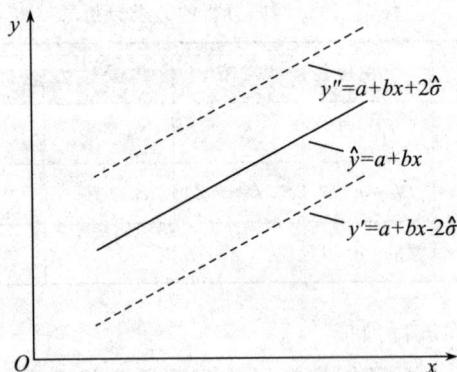

图 6.3.3　回归线及其概率区间

由此可知,大约有 95% 的点落在这两条平行线之间。

同理,如作两条平行线:

$$y = a + bx \pm 3\hat{\sigma} \tag{6.3.26}$$

则可以预料有 99% 的点落在其间。

6.3.2　一元非线性回归

在实际问题中,两变量之间的回归关系大多数是非线性的,回归线是一条曲线。这种回归关系称为一元非线性回归。建立一元非线性回归曲线方程的步骤如下:

(1) 确定回归曲线的类型。一般需根据理论推导,或实际经验,或样本实验数据的散点图的形状,来选择类似的曲线作为回归曲线的类型。

(2) 确定回归方程中的回归系数。按所选回归曲线的类型,常用的有三种方法:① 化为线性回归,② 多项式回归,③ 分段回归。下面先介绍应用较广的线性回归。

非线性回归可以通过变量代换转化为线性回归。常用的可化为线性回归的曲线类型有指数函数、幂函数、对数函数和双曲线函数等。

1. 指数函数

如图 6.3.4 所示,设指数函数为

$$y = ae^{bx} \ (a > 0) \tag{6.3.27}$$

令 $X = x$,$Y = \lg y$,则

$$Y = \lg a + (b \lg e) X \tag{6.3.28}$$

由此可知，(x,y)在单对数坐标纸上成一直线，按式(6.3.28)作线性回归确定参数 $\lg a$ 和 $b\lg e$，再代回 $Y = \lg y$，即可求得 y 与 x 的回归指数方程。

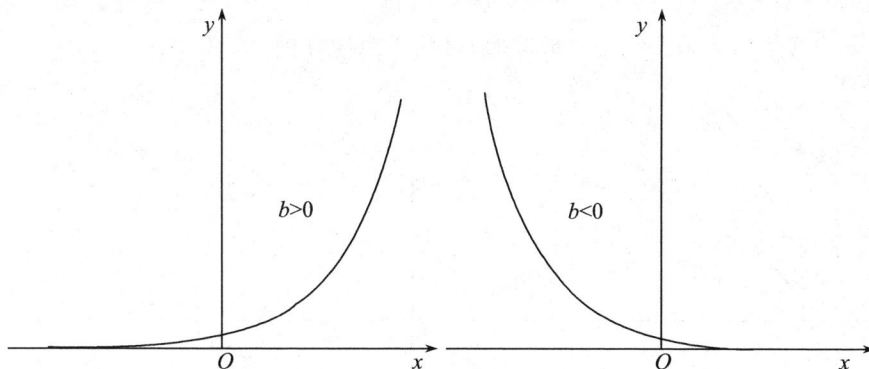

图 6.3.4　指数型曲线

2. 幂函数

如图 6.3.5 所示，设幂函数为

$$y = ax^b (a > 0) \tag{6.3.29}$$

令 $X = \lg x, Y = \lg y$，则

$$Y = \lg a + bX \tag{6.3.30}$$

经坐标变换，即可在双对数坐标纸上变为线性方程，从而可用线性回归法求出系数 $\lg a$ 及 b，并作显著性检验。再利用坐标变换关系，求得 y 与 x 的幂函数回归方程。

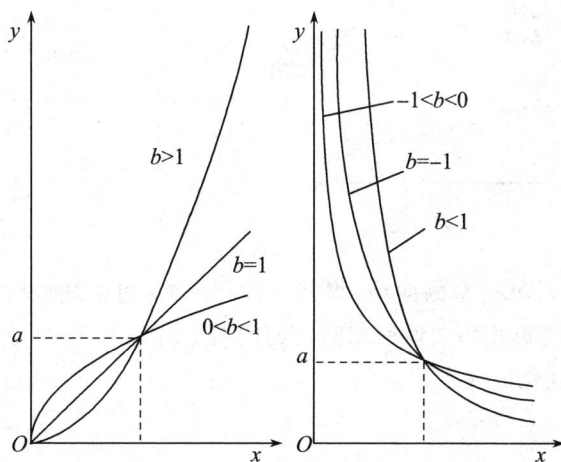

图 6.3.5　幂函数

3. 对数曲线

如图 6.3.6 所示,设对数函数为

$$y = a + b\lg x \qquad (6.3.31)$$

令 $X = \lg x, Y = y$,式(6.3.31)可化为线性方程

$$Y = a + bX \qquad (6.3.32)$$

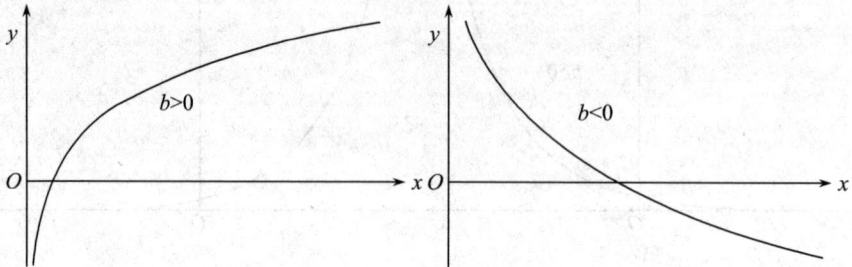

图 6.3.6　对数曲线

4. 双曲线函数

如图 6.3.7 所示,双曲线函数为

$$\frac{1}{y} = a + b/x \qquad (6.3.33)$$

令 $X = 1/x, Y = 1/y$,即得

$$Y = a + bX \qquad (6.3.34)$$

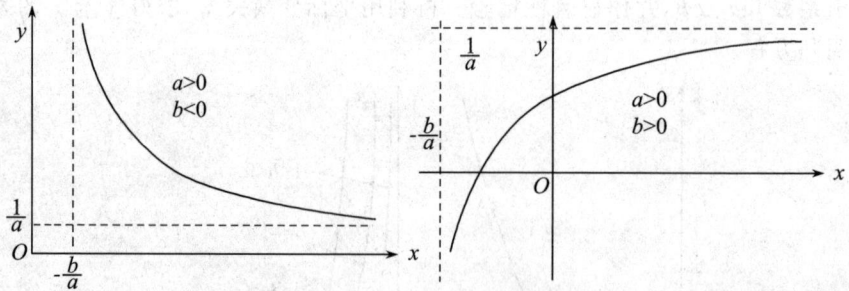

图 6.3.7　双曲线

上面讨论了几种类型的曲线,将其线性化后,即可采用线性回归法求得曲线回归方程。这类可化为线性回归问题的曲线方程还有很多,表 6.3.2 列出了 8 类常见的可线性化曲线方程。

表 6.3.2 线性化方程类型

序号	方程类型	方程式	线性化处理后的方程式
1	双曲线	$y^{-1}=A+Bx^{-1}$	$\dfrac{1}{y}=A+B\left(\dfrac{1}{x}\right)$
2	指数	$y=Ae^{Bx}$	$(\ln y)=(\ln A)+Bx$
3	对数	$y=A+B\ln x$	$y=A+B(\ln x)$
4	幂函数	$y=Ax^B+C$	$(\ln(y-c))=(\ln A)+B(\ln x)$
5	S 形曲线	$y=1/(A+Be^{-x})$	$\left(\dfrac{1}{y}\right)=A+B(e^{-x})$
6	二阶曲线	$y^W=Ax^2+Bx+C$ $(W\neq 0)$	$\left(\dfrac{y-y_0}{x-x_0}\right)^W=(B+Ax_0)+Ax$
7	二阶指数	$y=We^{Ax^2+Bx+C}$	$(\ln y)=(\ln W+C)+Bx+Ax^2$ （变为二阶曲线方程）
8	幂指数	$y=Ax^B e^{Cx}$	当 x_i 为等差 Δx 级数时,则 $(\ln y_{i+1}-\ln y_i)=C\Delta x+B(\ln x_{i+1}-\ln x_i)$

6.4 随机数据的谱分析

在处理实验资料时,对于量值是时间或空间函数的海洋随机序列资料,经常会用到随机过程统计学中的谱分析进行处理。如海浪,其随机过程可看成是由很多频率不同的简谐波迭加组合而成的。研究海浪能量相对于组成波频率的分布,有利于得到许多通过时域分析很难得到的结论。随机过程由时域向频域的变换称为随机过程的谱分析。

6.4.1 傅里叶分析方法

设 $x(t)$ 是以 $2T$ 为周期的时间函数,在 $[-T,T]$ 上满足狄利克莱条件,则可在 $[-T,T]$ 上展开成傅里叶三角级数:

$$x(t)=\frac{a_0}{2}+\sum_{k=1}^{\infty}(a_k\cos k\omega_0 t+b_k\sin k\omega_0 t) \tag{6.4.1}$$

式中，

$$
\begin{cases}
a_k = \dfrac{1}{T}\displaystyle\int_{-T}^{T}\big[x(t)\cos k\omega_0 t\big]\mathrm{d}t\,(k=0,1,2,\cdots)\\[2mm]
b_k = \dfrac{1}{T}\displaystyle\int_{-T}^{T}\big[x(t)\sin k\omega_0 t\big]\mathrm{d}t\,(k=1,2,\cdots)\\[2mm]
\omega_0 = \dfrac{2\pi}{2T}=\dfrac{\pi}{T}
\end{cases}
\tag{6.4.2}
$$

若 $x(t)$ 是实值非周期函数，则可用傅里叶积分，即傅里叶变换的方法对它进行频域分解。如果 $x(t)$ 满足傅里叶积分定理中的条件，则可以表示成傅里叶积分的形式：

$$
x(t)=\frac{1}{2\pi}\int_{-\infty}^{\infty}X(\omega)\,\mathrm{e}^{i\omega t}\,\mathrm{d}\omega
\tag{6.4.3}
$$

式中，

$$
X(\omega)=\int_{-\infty}^{\infty}x(t)\mathrm{e}^{-i\omega t}\,\mathrm{d}t
\tag{6.4.4}
$$

通常称 $X(\omega)$ 是 $x(t)$ 的傅里叶变换或像，而 $x(t)$ 是 $X(\omega)$ 的傅里叶逆变换或原像。

6.4.2 平稳随机过程的相关函数

1. 自相关函数

设 $x(t)$ 为一随机过程，则其自相关函数定义为

$$
R_{xx}(t_1,t_2)=E[x(t_1)x(t_2)]
\tag{6.4.5}
$$

特别地，若 $x(t)$ 为广义平稳随机过程，令 $\tau=t_2-t_1$，则其自相关函数可写为

$$
R_{xx}(\tau)=E[x(t)x(t+\tau)]
\tag{6.4.6}
$$

若 $x(t)$ 为复随机过程，则上式应表示为

$$
R_{xx}(\tau)=E[x(t)x^*(t+\tau)]
\tag{6.4.7}
$$

式中，$x^*(t+\tau)$ 为 $x(t+\tau)$ 的共轭函数。

对于满足各态历经条件的平稳随机过程，可以由过程的一次实现统计近似所有可能实现，此时其自相关函数可表示为

$$
R_{xx}(\tau)=\lim_{T\to\infty}\frac{1}{2T}\int_{-T}^{T}x(t)x(t+\tau)\mathrm{d}t
\tag{6.4.8}
$$

由于 $t\geqslant0$，故式(6.4.8)还可以表示为

$$
R_{xx}(\tau)=\lim_{T\to\infty}\frac{1}{T}\int_{0}^{T}x(t)x(t+\tau)\mathrm{d}t
\tag{6.4.9}
$$

以下不加证明地给出平稳随机过程自相关函数的一些简单性质：

(1) 自相关函数 $R_{xx}(\tau)$ 是 τ 的偶函数，即

$$R_{xx}(-\tau)=R_{xx}(\tau)$$
$$R_{xx}(0)=D[x(t)] \tag{6.4.10}$$

(2) 当 $\tau=0$ 时，有

$$R_{xx}(0)=E\{[x(t)]^2\} \tag{6.4.11}$$

若 $\mu(t)=E[X(t)]=0$，则有

$$R_{xx}(0)=D[x(t)] \tag{6.4.12}$$

(3) $R_{xx}(\tau)$ 在 $\tau=0$ 处取得最大值，即

$$-R_{xx}(0)\leqslant R_{xx}(\tau)\leqslant R_{xx}(0) \tag{6.4.13}$$

(4) 若平稳随机过程存在周期 T，则其自相关函数也是以 T 为周期的函数，即

$$R_{xx}(\tau+T)=E\{x(t)x(t+\tau+T)\}=E\{x(t)x(t+\tau)\}=R_{\lambda x}(\tau) \tag{6.4.14}$$

2. 互相关函数

设 $x(t)$ 和 $y(t)$ 是两个平稳随机过程，则 $x(t)$ 和 $y(t+\tau)$ 的互相关函数表示为

$$R_{yy}(\tau)=E[x(t)y(t+\tau)] \tag{6.4.15}$$

式中，τ 为时间间隔，即滞后时间。需要说明的是，上式中 $x(t)$ 和 $y(t)$ 均为实过程。

若 $x(t)$ 和 $y(t)$ 为复随机过程，则上式应表示为

$$R_{xy}(\tau)=E[x(t)y^*(t+\tau)] \tag{6.4.16}$$

式中，$y^*(t+\tau)$ 为 $y(t+\tau)$ 为的共轭函数。

以下对互相关函数的一些性质进行说明，以便与自相关函数进行比较。

(6) 互相关函数与自相关函数不同，一般不是偶函数，且函数与下标的顺序有关：

$$\begin{cases} R_{xy}(\tau)=R_{yx}(-\tau) \\ R_{yx}(\tau)=R_{xy}(-\tau) \end{cases} \tag{6.4.17}$$

(2) 对于实随机过程 $x(t)$ 和 $y(t)$，有

$$|R_{xy}(\tau)|^2\leqslant R_{xx}(0)R_{yy}(0) \tag{6.4.18}$$

由式(6.4.18)还可以导出

$$|R_{xy}(\tau)|\leqslant\frac{1}{2}[R_{xx}(0)+R_{yy}(0)] \tag{6.4.19}$$

(3) 设某一随机过程可用另外两个随机过程的和表示，即 $Z(t)=X(t)+Y(t)$，则

$$R_{zz}(\tau)=R_{xx}(\tau)+R_{yy}(\tau)+R_{xy}(\tau)+R_{yx}(\tau) \tag{6.4.20}$$

6.4.3 功率谱密度

对于平稳随机过程 $x(t)$，量值 $x^2(t)$ 相对于时间的平均称为这一随机过程的平均能量（或平均功率），即

$$P = \lim_{T \to \infty} \frac{1}{2T} \int_{-T}^{T} x^2(t) \mathrm{d}t \qquad (6.4.21)$$

为了用过程的傅里叶变换表示功率谱，需要引进巴塞瓦（Parseval）定理：

一个函数 $x(t)$ 如果满足狄利克莱条件，且绝对可积，则下式成立：

$$\int_{-\infty}^{\infty} x^2(t) \mathrm{d}t = \frac{1}{2\pi} \int_{-\infty}^{\infty} |X(\omega)|^2 \mathrm{d}\omega \qquad (6.4.22)$$

此公式的意义是 $x(t)$ 的全部能量可以按频率进行分解。

根据上述定理将式(6.4.21)转换成频域表示。首先构造一个截尾函数如下：

$$x_T(t) = \begin{cases} x(t), |t| \leqslant T \\ 0, |t| > T \end{cases} \qquad (6.4.23)$$

将式(6.4.23)代入式(6.4.22)，可得

$$\int_{-\infty}^{\infty} x_T^2(t) \mathrm{d}t = \int_{-T}^{T} x^2(t) \mathrm{d}t = \frac{1}{2\pi} \int_{-\infty}^{\infty} |X(\omega)|^2 \mathrm{d}\omega \qquad (6.4.24)$$

则由式(6.4.22)和式(6.4.24)可得

$$P = \lim_{T \to \infty} \frac{1}{4\pi T} \int_{-\infty}^{\infty} |X(\omega)|^2 \mathrm{d}\omega \qquad (6.4.25)$$

设上式右端项被积函数为 $S(\omega)$，即

$$S(\omega) = \lim_{T \to \infty} \frac{1}{4\pi T} |X(\omega)|^2 \qquad (6.4.26)$$

于是有

$$P = \int_{-\infty}^{\infty} S(\omega) \mathrm{d}\omega \qquad (6.4.27)$$

由式(6.4.27)可见，$S(\omega)$ 下的面积等于平均能量 P，故称 $S(\omega)$ 为 $x(t)$ 的平均功率谱密度，简称功率谱，表示 $x(t)$ 的平均功率随频率的分布。

需要说明的是，式(6.4.27)中定义的平均功率谱密度函数 $S(\omega)$ 是定义在 $[-\infty, +\infty]$ 上的偶函数，而在工程上常采用单侧谱密度函数，即将 $S(\omega)$ 在 $[0, +\infty]$ 上的谱密度值加倍，而将 $[-\infty, 0]$ 上的谱密度值变为 0。

从数学上可以证明，当平稳随机过程 $x(t)$ 的自相关函数 $R_{xx}(\tau)$ 满足绝对可积条件时，$x(t)$ 必存在连续的功率谱 $S(\omega)$，并且 $S(\omega)$ 与 $R_{xx}(\tau)$ 之间存在如下关系：

$$\begin{cases} S(\omega) = \dfrac{1}{2\pi} \displaystyle\int_{-\infty}^{\infty} R_{xx}(\tau) \mathrm{e}^{-i\omega\tau}\,\mathrm{d}\tau \\[2ex] R_{xx}(\tau) = \displaystyle\int_{-\infty}^{\infty} S(\omega) \mathrm{e}^{i\omega\tau}\,\mathrm{d}\omega \end{cases} \tag{6.4.28}$$

通常称以上两式为维纳-辛钦(Wiener Khinchin)公式,即对于一个平稳随机过程,其自相关函数和谱密度函数是一傅里叶变换对。需要说明的是,式(6.4.28)定义的傅里叶变换对与式(6.4.3)和式(6.4.4)有所不同,即将 $1/2\pi$ 放在了逆变换前面,但这并不影响结果的性质,只需在计算时注意两者在量值上的区别。

以下对功率谱的一些简单性质加以说明:

(1) 对于任意平稳随机过程,$S(\omega)$ 都为非负实函数。

(2) 由于 $S(\omega)$ 为偶函数(实随机过程),$R_{xx}(\tau)$ 也为偶函数,可将式(6.4.28)改写成以下形式:

$$\begin{cases} S(\omega) = \dfrac{1}{2\pi} \displaystyle\int_{-\infty}^{\infty} [R_{xx}(\tau)\cos\omega\tau]\mathrm{d}\tau = \dfrac{1}{\pi} \displaystyle\int_{0}^{\infty} [R_{xx}(\tau)\cos\omega\tau]\mathrm{d}\tau \\[2ex] R_{xx}(\tau) = \displaystyle\int_{-\infty}^{\infty} [S(\omega)\cos\omega\tau]\mathrm{d}\omega = 2 \displaystyle\int_{0}^{\infty} [S(\omega)\cos\omega\tau]\mathrm{d}\omega \end{cases} \tag{6.4.29}$$

(3) 由式(6.4.26)可得,当 $\tau = 0$ 时,有

$$R_{xx}(0) = D[x(t)] = \int_{-\infty}^{\infty} S(\omega)\,\mathrm{d}\omega \tag{6.4.30}$$

(4) 可以证明,如果平稳随机过程 $x(t)$ 满足各态历经等条件,就可以用平稳随机过程一个函数的平均来确定这个随机过程的功率谱,即随机过程的谱具有各态历经性,且有

$$S(\omega) = \lim_{T \to \infty} \frac{1}{8\pi T} \left| \int_{-T}^{T} x(t)\mathrm{e}^{-i\omega t}\,\mathrm{d}t \right|^2 \tag{6.4.31}$$

考虑到实际的物理意义,时间 t 总是大于 0 的,故上式可改写为

$$S(\omega) = \lim_{T \to \infty} \frac{1}{2\pi T} \left| \int_{0}^{T} x(t)\mathrm{e}^{-i\omega t}\,\mathrm{d}t \right|^2 \tag{6.4.32}$$

式(6.4.31)和式(6.4.32)采用的傅里叶变换系数对和式(6.4.28)的一致。

附　录

附表1 t 分布表

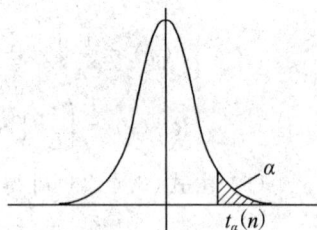

$$P\{t(n)>t_\alpha(n)\}=\alpha$$

n \ α	0.20	0.15	0.10	0.05	0.025	0.01	0.005
1	1.3764	1.9626	3.0777	6.3138	12.7062	31.8205	63.6567
2	1.0607	1.3862	1.8856	2.9200	4.3027	6.9646	9.9248
3	0.9785	1.2498	1.6377	2.3534	3.1824	4.5407	5.8409
4	0.9410	1.1896	1.5332	2.1318	2.7764	3.7469	4.6041
5	0.9195	1.1558	1.4759	2.0150	2.5706	3.3649	4.0321
6	0.9057	1.1342	1.4398	1.9432	2.4469	3.1427	3.7074
7	0.8960	1.1192	1.4149	1.8946	2.3646	2.9980	3.4995
8	0.8889	1.1081	1.3968	1.8595	2.3060	2.8965	3.3554
9	0.8834	1.0997	1.3830	1.8331	2.2622	2.8214	3.2498
10	0.8791	1.0931	1.3722	1.8125	2.2281	2.7638	3.1693
11	0.8755	1.0877	1.3634	1.7959	2.2010	2.7181	3.1058

n \ α	0.20	0.15	0.10	0.05	0.025	0.01	0.005
12	0.8726	1.0832	1.3562	1.7823	2.1788	2.6810	3.0545
13	0.8702	1.0795	1.3502	1.7709	2.1604	2.6503	3.0123
14	0.8681	1.0763	1.3450	1.7613	2.1448	2.6245	2.9768
15	0.8662	1.0735	1.3406	1.7531	2.1314	2.6025	2.9467
16	0.8647	1.0711	1.3368	1.7459	2.1199	2.5835	2.9208
17	0.8633	1.0690	1.3334	1.7396	2.1098	2.5669	2.8982
18	0.8620	1.0672	1.3304	1.7341	2.1009	2.5524	2.8784
19	0.8610	1.0655	1.3277	1.7291	2.0930	2.5395	2.8609
20	0.8600	1.0640	1.3253	1.7247	2.0860	2.5280	2.8453
21	0.8591	1.0627	1.3232	1.7207	2.0796	2.5176	2.8314
22	0.8583	1.0614	1.3212	1.7171	2.0739	2.5083	2.8188
23	0.8575	1.0603	1.3195	1.7139	2.0687	2.4999	2.8073
24	0.8569	1.0593	1.3178	1.7109	2.0639	2.4922	2.7969
25	0.8562	1.0584	1.3163	1.7081	2.0595	2.4851	2.7874
26	0.8557	1.0575	1.3150	1.7056	2.0555	2.4786	2.7787
27	0.8551	1.0567	1.3137	1.7033	2.0518	2.4727	2.7707
28	0.8546	1.0560	1.3125	1.7011	2.0484	2.4671	2.7633
29	0.8542	1.0553	1.3114	1.6991	2.0452	2.4620	2.7564
30	0.8538	1.0547	1.3104	1.6973	2.0423	2.4573	2.7500
31	0.8534	1.0541	1.3095	1.6955	2.0395	2.4528	2.7440
32	0.8530	1.0535	1.3086	1.6939	2.0369	2.4487	2.7385
33	0.8526	1.0530	1.3077	1.6924	2.0345	2.4448	2.7333
34	0.8523	1.0525	1.3070	1.6909	2.0322	2.4411	2.7284
35	0.8520	1.0520	1.3062	1.6896	2.0301	2.4377	2.7238
36	0.8517	1.0516	1.3055	1.6883	2.0281	2.4345	2.7195
37	0.8514	1.0512	1.3049	1.6871	2.0262	2.4314	2.7154
38	0.8512	1.0508	1.3042	1.6860	2.0244	2.4286	2.7116

n \ α	0.20	0.15	0.10	0.05	0.025	0.01	0.005
39	0.8509	1.0504	1.3036	1.6849	2.0227	2.4258	2.7079
40	0.8507	1.0500	1.3031	1.6839	2.0211	2.4233	2.7045
41	0.8505	1.0497	1.3025	1.6829	2.0195	2.4208	2.7012
42	0.8503	1.0494	1.3020	1.6820	2.0181	2.4185	2.6981
43	0.8501	1.0491	1.3016	1.6811	2.0167	2.4163	2.6951
44	0.8499	1.0488	1.3011	1.6802	2.0154	2.4141	2.6923
45	0.8497	1.0485	1.3006	1.6794	2.0141	2.4121	2.6896

附表2 χ^2分布表

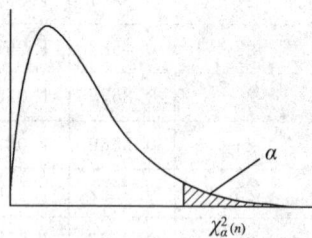

$$P\{\chi^2(n) > \chi_\alpha^2(n)\} = \alpha$$

n \ α	0.995	0.99	0.975	0.95	0.90	0.10	0.05	0.025	0.01	0.005
1	0.000	0.000	0.001	0.004	0.016	2.706	3.841	5.024	6.635	7.879
2	0.010	0.020	0.051	0.103	0.211	4.605	5.991	7.378	9.210	10.597
3	0.072	0.115	0.216	0.352	0.584	6.251	7.815	9.348	11.345	12.838
4	0.207	0.297	0.484	0.711	1.064	7.779	9.488	11.143	13.277	14.860
5	0.412	0.554	0.831	1.145	1.610	9.236	11.070	12.833	15.086	16.750
6	0.676	0.872	1.237	1.635	2.204	10.645	12.592	14.449	16.812	18.548
7	0.989	1.239	1.690	2.167	2.833	12.017	14.067	16.013	18.475	20.278
9	1.735	2.088	2.700	3.325	4.168	14.684	16.919	19.023	21.666	23.589
10	2.156	2.558	3.247	3.940	4.865	15.987	18.307	20.483	23.209	25.188
11	2.603	3.053	3.816	4.575	5.578	17.275	19.675	21.920	24.725	26.757

n \ α	0.995	0.99	0.975	0.95	0.90	0.10	0.05	0.025	0.01	0.005
12	3.074	3.571	4.404	5.226	6.304	18.549	21.026	23.337	26.217	28.300
13	3.565	4.107	5.009	5.892	7.042	19.812	22.362	24.736	27.688	29.819
14	4.075	4.660	5.629	6.571	7.790	21.064	23.685	26.119	29.141	31.319
15	4.601	5.229	6.262	7.261	8.547	22.307	24.996	27.488	30.578	32.801
16	5.142	5.812	6.908	7.962	9.312	23.542	26.296	28.845	32.000	34.267
17	5.697	6.408	7.564	8.672	10.085	24.769	27.587	30.191	33.409	35.718
18	6.265	7.015	8.231	9.390	10.865	25.989	28.869	31.526	34.805	37.156
19	6.844	7.633	8.907	10.117	11.651	27.204	30.144	32.852	36.191	38.582
20	7.434	8.260	9.591	10.851	12.443	28.412	31.410	34.170	37.566	39.997
21	8.034	8.897	10.283	11.591	13.240	29.615	32.671	35.479	38.932	41.401
22	8.643	9.542	10.982	12.338	14.041	30.813	33.924	36.781	40.289	42.796
23	9.260	10.196	11.689	13.091	14.848	32.007	35.172	38.076	41.638	44.181
24	9.886	10.856	12.401	13.848	15.659	33.196	36.415	39.364	42.980	45.559
25	10.520	11.524	13.120	14.611	16.473	34.382	37.652	40.646	44.314	46.928
26	11.160	12.198	13.844	15.379	17.292	35.563	38.885	41.923	45.642	48.290
27	11.808	12.879	14.573	16.151	18.114	36.741	40.113	43.195	46.963	49.645
28	12.461	13.565	15.308	16.928	18.939	37.916	41.337	44.461	48.278	50.993
29	13.121	14.256	16.047	17.708	19.768	39.087	42.557	45.722	49.588	52.336
30	13.787	14.953	16.791	18.493	20.599	40.256	43.773	46.979	50.892	53.672
31	14.458	15.655	17.539	19.281	21.434	41.422	44.985	48.232	52.191	55.003
32	15.134	16.362	18.291	20.072	22.271	42.585	46.194	49.480	53.486	56.328
33	15.815	17.074	19.047	20.867	23.110	43.745	47.400	50.725	54.776	57.648
34	16.501	17.789	19.806	21.664	23.952	44.903	48.602	51.966	56.061	58.964
35	17.192	18.509	20.569	22.465	24.797	46.059	49.802	53.203	57.342	60.275
36	17.887	19.233	21.336	23.269	25.643	47.212	50.998	54.437	58.619	61.581
37	18.586	19.960	22.106	24.075	26.492	48.363	52.192	55.668	59.893	62.883

n \ α	0.995	0.99	0.975	0.95	0.90	0.10	0.05	0.025	0.01	0.005
38	19.289	20.691	22.878	24.884	27.343	49.513	53.384	56.896	61.162	64.181
39	19.996	21.426	23.654	25.695	28.196	50.660	54.572	58.120	62.428	65.476
40	20.707	22.164	24.433	26.509	29.051	51.805	55.758	59.342	63.691	66.766

当 $n>40$ 时，$\chi_{\alpha}^{2}(n)\approx\dfrac{1}{2}(z_{\alpha}+\sqrt{2n-1})^{2}$。

附表3 相关系数检验表

自由度 $(k, n-k-1)$	$\alpha=0.05$				$\alpha=0.01$			
	自变量个数 k				自变量个数 k			
样本个数 n	1	2	3	4	1	2	3	4
1	0.997	—	—		0.997	—	—	
2	0.950	0.999	—		0.950	0.999	—	
3	0.878	0.975	0.999	—	0.878	0.975	0.999	—
4	0.811	0.930	0.983	0.999	0.811	0.930	0.983	0.999
5	0.754	0.881	0.950	0.987	0.754	0.881	0.950	0.987
6	0.707	0.836	0.912	0.961	0.707	0.836	0.912	0.961
7	0.666	0.795	0.874	0.930	0.666	0.795	0.874	0.930
8	0.632	0.758	0.839	0.898	0.632	0.758	0.839	0.898
9	0.602	0.726	0.807	0.867	0.602	0.726	0.807	0.867
10	0.576	0.697	0.777	0.838	0.576	0.697	0.777	0.838
11	0.553	0.671	0.750	0.811	0.553	0.671	0.750	0.811
12	0.532	0.648	0.726	0.786	0.532	0.648	0.726	0.786
13	0.514	0.627	0.703	0.763	0.514	0.627	0.703	0.763
14	0.497	0.608	0.683	0.741	0.497	0.608	0.683	0.741
15	0.482	0.590	0.664	0.722	0.482	0.590	0.664	0.722
16	0.468	0.574	0.646	0.703	0.468	0.574	0.646	0.703

续表

自由度 $(k, n-k-1)$	$\alpha=0.05$				$\alpha=0.01$			
样本个数 n	自变量个数 k				自变量个数 k			
	1	2	3	4	1	2	3	4
17	0.456	0.559	0.630	0.686	0.456	0.559	0.630	0.686
18	0.444	0.545	0.615	0.670	0.444	0.545	0.615	0.670
19	0.433	0.532	0.601	0.655	0.433	0.532	0.601	0.655
20	0.423	0.520	0.587	0.641	0.423	0.520	0.587	0.641
21	0.413	0.509	0.575	0.628	0.413	0.509	0.575	0.628
22	0.404	0.498	0.563	0.615	0.404	0.498	0.563	0.615
23	0.396	0.488	0.552	0.604	0.396	0.488	0.552	0.604
24	0.388	0.479	0.542	0.593	0.388	0.479	0.542	0.593
25	0.381	0.470	0.532	0.582	0.381	0.470	0.532	0.582
26	0.374	0.462	0.523	0.572	0.374	0.462	0.523	0.572
27	0.367	0.454	0.514	0.562	0.367	0.454	0.514	0.562
28	0.361	0.446	0.506	0.553	0.361	0.446	0.506	0.553
29	0.355	0.439	0.498	0.545	0.355	0.439	0.498	0.545
30	0.349	0.432	0.490	0.536	0.349	0.432	0.490	0.536
35	0.325	0.402	0.456	0.500	0.325	0.402	0.456	0.500
40	0.304	0.377	0.429	0.470	0.304	0.377	0.429	0.470
45	0.288	0.357	0.406	0.445	0.288	0.357	0.406	0.445
50	0.273	0.339	0.386	0.424	0.273	0.339	0.386	0.424
60	0.250	0.311	0.354	0.389	0.250	0.311	0.354	0.389
70	0.232	0.288	0.328	0.361	0.232	0.288	0.328	0.361
80	0.217	0.270	0.308	0.338	0.217	0.270	0.308	0.338
90	0.205	0.255	0.291	0.320	0.205	0.255	0.291	0.320
100	0.195	0.242	0.276	0.304	0.195	0.242	0.276	0.304
125	0.174	0.217	0.248	0.272	0.174	0.217	0.248	0.272

自由度 $(k, n-k-1)$	$\alpha=0.05$				$\alpha=0.01$			
样本个数 n	自变量个数 k				自变量个数 k			
	1	2	3	4	1	2	3	4
150	0.159	0.199	0.226	0.249	0.159	0.199	0.226	0.249
200	0.138	0.172	0.196	0.216	0.138	0.172	0.196	0.216
300	0.113	0.141	0.161	0.177	0.113	0.141	0.161	0.177
400	0.098	0.122	0.139	0.153	0.098	0.122	0.139	0.153
500	0.088	0.109	0.125	0.137	0.088	0.109	0.125	0.137
1 000	0.062	0.077	0.088	0.097	0.062	0.077	0.088	0.097

附表 4 F 分布表

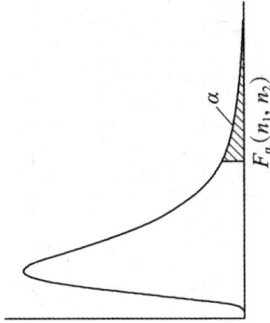

$$P\{F(n_1,n_2)>F_\alpha(n_1,n_2)\}=\alpha \quad (\alpha=0.10)$$

n_2 \ n_1	1	2	3	4	5	6	7	8	9	10	12	15	20	24	30	40	60	120	∞
1	39.86	49.50	53.59	55.83	57.24	58.20	58.91	59.44	59.86	60.19	60.71	61.22	61.74	62.00	62.26	62.53	62.79	63.06	63.33
2	8.53	9.00	9.16	9.24	9.29	9.33	9.35	9.37	9.38	9.39	9.41	9.42	9.44	9.45	9.46	9.47	9.47	9.48	9.49
3	5.54	5.46	5.39	5.34	5.31	5.28	5.27	5.25	5.24	5.23	5.22	5.20	5.18	5.18	5.17	5.16	5.15	5.14	5.13
4	4.54	4.32	4.19	4.11	4.05	4.01	3.98	3.95	3.94	3.92	3.90	3.87	3.84	3.83	3.82	3.80	3.79	3.78	3.76
5	4.06	3.78	3.62	3.52	3.45	3.40	3.37	3.34	3.32	3.30	3.27	3.24	3.21	3.19	3.17	3.16	3.14	3.12	3.10
6	3.78	3.46	3.29	3.18	3.11	3.05	3.01	2.98	2.96	2.94	2.90	2.87	2.84	2.82	2.80	2.78	2.76	2.74	2.72
7	3.59	3.26	3.07	2.96	2.88	2.83	2.78	2.75	2.72	2.70	2.67	2.63	2.59	2.58	2.56	2.54	2.51	2.49	2.47
8	3.46	3.11	2.92	2.81	2.73	2.67	2.62	2.59	2.56	2.54	2.50	2.46	2.42	2.40	2.38	2.36	2.34	2.32	2.29
9	3.36	3.01	2.81	2.69	2.61	2.55	2.51	2.47	2.44	2.42	2.38	2.34	2.30	2.28	2.25	2.23	2.21	2.18	2.16
10	3.29	2.92	2.73	2.61	2.52	2.46	2.41	2.38	2.35	2.32	2.28	2.24	2.20	2.18	2.16	2.13	2.11	2.08	2.06
11	3.23	2.86	2.66	2.54	2.45	2.39	2.34	2.30	2.27	2.25	2.21	2.17	2.12	2.10	2.08	2.05	2.03	2.00	1.97
12	3.18	2.81	2.61	2.48	2.39	2.33	2.28	2.24	2.21	2.19	2.15	2.10	2.06	2.04	2.01	1.99	1.96	1.93	1.90
13	3.14	2.76	2.56	2.43	2.35	2.28	2.23	2.20	2.16	2.14	2.10	2.05	2.01	1.98	1.96	1.93	1.90	1.88	1.85

续表

n_2＼n_1	1	2	3	4	5	6	7	8	9	10	12	15	20	24	30	40	60	120	∞
14	3.10	2.73	2.52	2.39	2.31	2.24	2.19	2.15	2.12	2.10	2.05	2.01	1.96	1.94	1.91	1.89	1.86	1.83	1.80
15	3.07	2.70	2.49	2.36	2.27	2.21	2.16	2.12	2.09	2.06	2.02	1.97	1.92	1.90	1.87	1.85	1.82	1.79	1.76
16	3.05	2.67	2.46	2.33	2.24	2.18	2.13	2.09	2.06	2.03	1.99	1.94	1.89	1.87	1.84	1.81	1.78	1.75	1.72
17	3.03	2.64	2.44	2.31	2.22	2.15	2.10	2.06	2.03	2.00	1.96	1.91	1.86	1.84	1.81	1.78	1.75	1.72	1.69
18	3.01	2.62	2.42	2.29	2.20	2.13	2.08	2.04	2.00	1.98	1.93	1.89	1.84	1.81	1.78	1.75	1.72	1.69	1.66
19	2.99	2.61	2.40	2.27	2.18	2.11	2.06	2.02	1.98	1.96	1.91	1.86	1.81	1.79	1.76	1.73	1.70	1.67	1.63
20	2.97	2.59	2.38	2.25	2.16	2.09	2.04	2.00	1.96	1.94	1.89	1.84	1.79	1.77	1.74	1.71	1.68	1.64	1.61
21	2.96	2.57	2.36	2.23	2.14	2.08	2.02	1.98	1.95	1.92	1.87	1.83	1.78	1.75	1.72	1.69	1.66	1.62	1.59
22	2.95	2.56	2.35	2.22	2.13	2.06	2.01	1.97	1.93	1.90	1.86	1.81	1.76	1.73	1.70	1.67	1.64	1.60	1.57
23	2.94	2.55	2.34	2.21	2.11	2.05	1.99	1.95	1.92	1.89	1.84	1.80	1.74	1.72	1.69	1.66	1.62	1.59	1.55
24	2.93	2.54	2.33	2.19	2.10	2.04	1.98	1.94	1.91	1.88	1.83	1.78	1.73	1.70	1.67	1.64	1.61	1.57	1.53
25	2.92	2.53	2.32	2.18	2.09	2.02	1.97	1.93	1.89	1.87	1.82	1.77	1.72	1.69	1.66	1.63	1.59	1.56	1.52
26	2.91	2.52	2.31	2.17	2.08	2.01	1.96	1.92	1.88	1.86	1.81	1.76	1.71	1.68	1.65	1.61	1.58	1.54	1.50
27	2.90	2.51	2.30	2.17	2.07	2.00	1.95	1.91	1.87	1.85	1.80	1.75	1.70	1.67	1.64	1.60	1.57	1.53	1.49
28	2.89	2.50	2.29	2.16	2.06	2.00	1.94	1.90	1.87	1.84	1.79	1.74	1.69	1.66	1.63	1.59	1.56	1.52	1.48
29	2.89	2.50	2.28	2.15	2.06	1.99	1.93	1.89	1.86	1.83	1.78	1.73	1.68	1.65	1.62	1.58	1.55	1.51	1.47
30	2.88	2.49	2.28	2.14	2.05	1.98	1.93	1.88	1.85	1.82	1.77	1.72	1.67	1.64	1.61	1.57	1.54	1.50	1.46
40	2.84	2.44	2.23	2.09	2.00	1.93	1.87	1.83	1.79	1.76	1.71	1.66	1.61	1.57	1.54	1.51	1.47	1.42	1.38
60	2.79	2.39	2.18	2.04	1.95	1.87	1.82	1.77	1.74	1.71	1.66	1.60	1.54	1.51	1.48	1.44	1.40	1.35	1.29
120	2.75	2.35	2.13	1.99	1.90	1.82	1.77	1.72	1.68	1.65	1.60	1.55	1.48	1.45	1.41	1.37	1.32	1.26	1.19
∞	2.71	2.30	2.08	1.94	1.85	1.77	1.72	1.67	1.63	1.60	1.55	1.49	1.42	1.38	1.34	1.30	1.24	1.17	1.00

($\alpha = 0.05$)

n_1 / n_2	1	2	3	4	5	6	7	8	9	10	12	15	20	24	30	40	60	120	∞
1	161.45	199.50	215.71	224.58	230.16	233.99	236.77	238.88	240.54	241.88	243.91	245.95	248.01	249.05	250.10	251.14	252.20	253.25	254
2	18.51	19.00	19.16	19.25	19.30	19.33	19.35	19.37	19.38	19.40	19.41	19.43	19.45	19.45	19.46	19.47	19.48	19.49	19.5
3	10.13	9.55	9.28	9.12	9.01	8.94	8.89	8.85	8.81	8.79	8.74	8.70	8.66	8.64	8.62	8.59	8.57	8.55	8.53
4	7.71	6.94	6.59	6.39	6.26	6.16	6.09	6.04	6.00	5.96	5.91	5.86	5.80	5.77	5.75	5.72	5.69	5.66	5.63
5	6.61	5.79	5.41	5.19	5.05	4.95	4.88	4.82	4.77	4.74	4.68	4.62	4.56	4.53	4.50	4.46	4.43	4.40	4.36
6	5.99	5.14	4.76	4.53	4.39	4.28	4.21	4.15	4.10	4.06	4.00	3.94	3.87	3.84	3.81	3.77	3.74	3.70	3.67
7	5.59	4.74	4.35	4.12	3.97	3.87	3.79	3.73	3.68	3.64	3.57	3.51	3.44	3.41	3.38	3.34	3.30	3.27	3.23
8	5.32	4.46	4.07	3.84	3.69	3.58	3.50	3.44	3.39	3.35	3.28	3.22	3.15	3.12	3.08	3.04	3.01	2.97	2.93
9	5.12	4.26	3.86	3.63	3.48	3.37	3.29	3.23	3.18	3.14	3.07	3.01	2.94	2.90	2.86	2.83	2.79	2.75	2.71
10	4.96	4.10	3.71	3.48	3.33	3.22	3.14	3.07	3.02	2.98	2.91	2.85	2.77	2.74	2.70	2.66	2.62	2.58	2.54
11	4.84	3.98	3.59	3.36	3.20	3.09	3.01	2.95	2.90	2.85	2.79	2.72	2.65	2.61	2.57	2.53	2.49	2.45	2.40
12	4.75	3.89	3.49	3.26	3.11	3.00	2.91	2.85	2.80	2.75	2.69	2.62	2.54	2.51	2.47	2.43	2.38	2.34	2.30
13	4.67	3.81	3.41	3.18	3.03	2.92	2.83	2.77	2.71	2.67	2.60	2.53	2.46	2.42	2.38	2.34	2.30	2.25	2.21
14	4.60	3.74	3.34	3.11	2.96	2.85	2.76	2.70	2.65	2.60	2.53	2.46	2.39	2.35	2.31	2.27	2.22	2.18	2.13
15	4.54	3.68	3.29	3.06	2.90	2.79	2.71	2.64	2.59	2.54	2.48	2.40	2.33	2.29	2.25	2.20	2.16	2.11	2.07
16	4.49	3.63	3.24	3.01	2.85	2.74	2.66	2.59	2.54	2.49	2.42	2.35	2.28	2.24	2.19	2.15	2.11	2.06	2.01
17	4.45	3.59	3.20	2.96	2.81	2.70	2.61	2.55	2.49	2.45	2.38	2.31	2.23	2.19	2.15	2.10	2.06	2.01	1.96
18	4.41	3.55	3.16	2.93	2.77	2.66	2.58	2.51	2.46	2.41	2.34	2.27	2.19	2.15	2.11	2.06	2.02	1.97	1.92
19	4.38	3.52	3.13	2.90	2.74	2.63	2.54	2.48	2.42	2.38	2.31	2.23	2.16	2.11	2.07	2.03	1.98	1.93	1.88

续表

n_1 / n_2	1	2	3	4	5	6	7	8	9	10	12	15	20	24	30	40	60	120	∞
20	4.35	3.49	3.10	2.87	2.71	2.60	2.51	2.45	2.39	2.35	2.28	2.20	2.12	2.08	2.04	1.99	1.95	1.90	1.84
21	4.32	3.47	3.07	2.84	2.68	2.57	2.49	2.42	2.37	2.32	2.25	2.18	2.10	2.05	2.01	1.96	1.92	1.87	1.81
22	4.30	3.44	3.05	2.82	2.66	2.55	2.46	2.40	2.34	2.30	2.23	2.15	2.07	2.03	1.98	1.94	1.89	1.84	1.78
23	4.28	3.42	3.03	2.80	2.64	2.53	2.44	2.37	2.32	2.27	2.20	2.13	2.05	2.01	1.96	1.91	1.86	1.81	1.76
24	4.26	3.40	3.01	2.78	2.62	2.51	2.42	2.36	2.30	2.25	2.18	2.11	2.03	1.98	1.94	1.89	1.84	1.79	1.73
25	4.24	3.39	2.99	2.76	2.60	2.49	2.40	2.34	2.28	2.24	2.16	2.09	2.01	1.96	1.92	1.87	1.82	1.77	1.71
26	4.23	3.37	2.98	2.74	2.59	2.47	2.39	2.32	2.27	2.22	2.15	2.07	1.99	1.95	1.90	1.85	1.80	1.75	1.69
27	4.21	3.35	2.96	2.73	2.57	2.46	2.37	2.31	2.25	2.20	2.13	2.06	1.97	1.93	1.88	1.84	1.79	1.73	1.67
28	4.20	3.34	2.95	2.71	2.56	2.45	2.36	2.29	2.24	2.19	2.12	2.04	1.96	1.91	1.87	1.82	1.77	1.71	1.65
29	4.18	3.33	2.93	2.70	2.55	2.43	2.35	2.28	2.22	2.18	2.10	2.03	1.94	1.90	1.85	1.81	1.75	1.70	1.64
30	4.17	3.32	2.92	2.69	2.53	2.42	2.33	2.27	2.21	2.16	2.09	2.01	1.93	1.89	1.84	1.79	1.74	1.68	1.62
40	4.08	3.23	2.84	2.61	2.45	2.34	2.25	2.18	2.12	2.08	2.00	1.92	1.84	1.79	1.74	1.69	1.64	1.58	1.51
60	4.00	3.15	2.76	2.53	2.37	2.25	2.17	2.10	2.04	1.99	1.92	1.84	1.75	1.70	1.65	1.59	1.53	1.47	1.39
120	3.92	3.07	2.68	2.45	2.29	2.18	2.09	2.02	1.96	1.91	1.83	1.75	1.66	1.61	1.55	1.50	1.43	1.35	1.25
∞	3.84	3.00	2.60	2.37	2.21	2.10	2.01	1.94	1.88	1.83	1.75	1.67	1.57	1.52	1.46	1.39	1.32	1.22	1.00

（$\alpha=0.025$）

n_2 \ n_1	1	2	3	4	5	6	7	8	9	10	12	15	20	24	30	40	60	120	∞
1	647.79	799.50	864.16	899.58	921.85	937.11	948.22	956.66	963.28	968.63	976.71	984.87	993.10	997.25	1 001.41	1 005.60	1 009.80	1 014.02	1 020
2	38.51	39.00	39.17	39.25	39.30	39.33	39.36	39.37	39.39	39.40	39.41	39.43	39.45	39.46	39.46	39.47	39.48	39.49	39.5
3	17.44	16.04	15.44	15.10	14.88	14.73	14.62	14.54	14.47	14.42	14.34	14.25	14.17	14.12	14.08	14.04	13.99	13.95	13.9
4	12.22	10.65	9.98	9.60	9.36	9.20	9.07	8.98	8.90	8.84	8.75	8.66	8.56	8.51	8.46	8.41	8.36	8.31	8.26
5	10.01	8.43	7.76	7.39	7.15	6.98	6.85	6.76	6.68	6.62	6.52	6.43	6.33	6.28	6.23	6.18	6.12	6.07	6.02
6	8.81	7.26	6.60	6.23	5.99	5.82	5.70	5.60	5.52	5.46	5.37	5.27	5.17	5.12	5.07	5.01	4.96	4.90	4.85
7	8.07	6.54	5.89	5.52	5.29	5.12	4.99	4.90	4.82	4.76	4.67	4.57	4.47	4.41	4.36	4.31	4.25	4.20	4.14
8	7.57	6.06	5.42	5.05	4.82	4.65	4.53	4.43	4.36	4.30	4.20	4.10	4.00	3.95	3.89	3.84	3.78	3.73	3.67
9	7.21	5.71	5.08	4.72	4.48	4.32	4.20	4.10	4.03	3.96	3.87	3.77	3.67	3.61	3.56	3.51	3.45	3.39	3.33
10	6.94	5.46	4.83	4.47	4.24	4.07	3.95	3.85	3.78	3.72	3.62	3.52	3.42	3.37	3.31	3.26	3.20	3.14	3.08
11	6.72	5.26	4.63	4.28	4.04	3.88	3.76	3.66	3.59	3.53	3.43	3.33	3.23	3.17	3.12	3.06	3.00	2.94	2.88
12	6.55	5.10	4.47	4.12	3.89	3.73	3.61	3.51	3.44	3.37	3.28	3.18	3.07	3.02	2.96	2.91	2.85	2.79	2.72
13	6.41	4.97	4.35	4.00	3.77	3.60	3.48	3.39	3.31	3.25	3.15	3.05	2.95	2.89	2.84	2.78	2.72	2.66	2.60
14	6.30	4.86	4.24	3.89	3.66	3.50	3.38	3.29	3.21	3.15	3.05	2.95	2.84	2.79	2.73	2.67	2.61	2.55	2.49
15	6.20	4.77	4.15	3.80	3.58	3.41	3.29	3.20	3.12	3.06	2.96	2.86	2.76	2.70	2.64	2.59	2.52	2.46	2.40
16	6.12	4.69	4.08	3.73	3.50	3.34	3.22	3.12	3.05	2.99	2.89	2.79	2.68	2.63	2.57	2.51	2.45	2.38	2.32
17	6.04	4.62	4.01	3.66	3.44	3.28	3.16	3.06	2.98	2.92	2.82	2.72	2.62	2.56	2.50	2.44	2.38	2.32	2.25
18	5.98	4.56	3.95	3.61	3.38	3.22	3.10	3.01	2.93	2.87	2.77	2.67	2.56	2.50	2.44	2.38	2.32	2.26	2.19
19	5.92	4.51	3.90	3.56	3.33	3.17	3.05	2.96	2.88	2.82	2.72	2.62	2.51	2.45	2.39	2.33	2.27	2.20	2.13
20	5.87	4.46	3.86	3.51	3.29	3.13	3.01	2.91	2.84	2.77	2.68	2.57	2.46	2.41	2.35	2.29	2.22	2.16	2.09
21	5.83	4.42	3.82	3.48	3.25	3.09	2.97	2.87	2.80	2.73	2.64	2.53	2.42	2.37	2.31	2.25	2.18	2.11	2.04
22	5.79	4.38	3.78	3.44	3.22	3.05	2.93	2.84	2.76	2.70	2.60	2.50	2.39	2.33	2.27	2.21	2.14	2.08	2.00

续表

n_1 \ n_2	1	2	3	4	5	6	7	8	9	10	12	15	20	24	30	40	60	120	∞
23	5.75	4.35	3.75	3.41	3.18	3.02	2.90	2.81	2.73	2.67	2.57	2.47	2.36	2.30	2.24	2.18	2.11	2.04	1.97
24	5.72	4.32	3.72	3.38	3.15	2.99	2.87	2.78	2.70	2.64	2.54	2.44	2.33	2.27	2.21	2.15	2.08	2.01	1.94
25	5.69	4.29	3.69	3.35	3.13	2.97	2.85	2.75	2.68	2.61	2.51	2.41	2.30	2.24	2.18	2.12	2.05	1.98	1.91
26	5.66	4.27	3.67	3.33	3.10	2.94	2.82	2.73	2.65	2.59	2.49	2.39	2.28	2.22	2.16	2.09	2.03	1.95	1.88
27	5.63	4.24	3.65	3.31	3.08	2.92	2.80	2.71	2.63	2.57	2.47	2.36	2.25	2.19	2.13	2.07	2.00	1.93	1.85
28	5.61	4.22	3.63	3.29	3.06	2.90	2.78	2.69	2.61	2.55	2.45	2.34	2.23	2.17	2.11	2.05	1.98	1.91	1.83
29	5.59	4.20	3.61	3.27	3.04	2.88	2.76	2.67	2.59	2.53	2.43	2.32	2.21	2.15	2.09	2.03	1.96	1.89	1.81
30	5.57	4.18	3.59	3.25	3.03	2.87	2.75	2.65	2.57	2.51	2.41	2.31	2.20	2.14	2.07	2.01	1.94	1.87	1.79
40	5.42	4.05	3.46	3.13	2.90	2.74	2.62	2.53	2.45	2.39	2.29	2.18	2.07	2.01	1.94	1.88	1.80	1.72	1.64
60	5.29	3.93	3.34	3.01	2.79	2.63	2.51	2.41	2.33	2.27	2.17	2.06	1.94	1.88	1.82	1.74	1.67	1.58	1.48
120	5.15	3.80	3.23	2.89	2.67	2.52	2.39	2.30	2.22	2.16	2.05	1.94	1.82	1.76	1.69	1.61	1.53	1.43	1.31
∞	5.02	3.69	3.12	2.79	2.57	2.41	2.29	2.19	2.11	2.05	1.94	1.83	1.71	1.64	1.57	1.48	1.39	1.27	1.00

$(\alpha=0.01)$

n_1 \ n_2	1	2	3	4	5	6	7	8	9	10	12	15	20	24	30	40	60	120	∞
1	4 052.18	4 999.50	5 403.35	5 624.58	5 763.65	5 858.99	5 928.36	5 981.07	6 022.47	6 055.85	6 106.32	6 157.28	6 208.73	6 234.63	6 260.65	6 286.78	6 313.03	6 339.39	6 370
2	98.50	99.00	99.17	99.25	99.30	99.33	99.36	99.37	99.39	99.40	99.42	99.43	99.45	99.46	99.47	99.47	99.48	99.49	99.5
3	34.12	30.82	29.46	28.71	28.24	27.91	27.67	27.49	27.35	27.23	27.05	26.87	26.69	26.60	26.50	26.41	26.32	26.22	26.1
4	21.20	18.00	16.69	15.98	15.52	15.21	14.98	14.80	14.66	14.55	14.37	14.20	14.02	13.93	13.84	13.75	13.65	13.56	13.5
5	16.26	13.27	12.06	11.39	10.97	10.67	10.46	10.29	10.16	10.05	9.89	9.72	9.55	9.47	9.38	9.29	9.20	9.11	9.02
6	13.75	10.92	9.78	9.15	8.75	8.47	8.26	8.10	7.98	7.87	7.72	7.56	7.40	7.31	7.23	7.14	7.06	6.97	6.88
7	12.25	9.55	8.45	7.85	7.46	7.19	6.99	6.84	6.72	6.62	6.47	6.31	6.16	6.07	5.99	5.91	5.82	5.74	5.65

续表

n_2＼n_1	1	2	3	4	5	6	7	8	9	10	12	15	20	24	30	40	60	120	∞
8	11.26	8.65	7.59	7.01	6.63	6.37	6.18	6.03	5.91	5.81	5.67	5.52	5.36	5.28	5.20	5.12	5.03	4.95	4.80
9	10.56	8.02	6.99	6.42	6.06	5.80	5.61	5.47	5.35	5.26	5.11	4.96	4.81	4.73	4.65	4.57	4.48	4.40	4.31
10	10.04	7.56	6.55	5.99	5.64	5.39	5.20	5.06	4.94	4.85	4.71	4.56	4.41	4.33	4.25	4.17	4.08	4.00	3.91
11	9.65	7.21	6.22	5.67	5.32	5.07	4.89	4.74	4.63	4.54	4.40	4.25	4.10	4.02	3.94	3.86	3.78	3.69	3.60
12	9.33	6.93	5.95	5.41	5.06	4.82	4.64	4.50	4.39	4.30	4.16	4.01	3.86	3.78	3.70	3.62	3.54	3.45	3.36
13	9.07	6.70	5.74	5.21	4.86	4.62	4.44	4.30	4.19	4.10	3.96	3.82	3.66	3.59	3.51	3.43	3.34	3.25	3.17
14	8.86	6.51	5.56	5.04	4.69	4.46	4.28	4.14	4.03	3.94	3.80	3.66	3.51	3.43	3.35	3.27	3.18	3.09	3.00
15	8.68	6.36	5.42	4.89	4.56	4.32	4.14	4.00	3.89	3.80	3.67	3.52	3.37	3.29	3.21	3.13	3.05	2.96	2.87
16	8.53	6.23	5.29	4.77	4.44	4.20	4.03	3.89	3.78	3.69	3.55	3.41	3.26	3.18	3.10	3.02	2.93	2.84	2.75
17	8.40	6.11	5.18	4.67	4.34	4.10	3.93	3.79	3.68	3.59	3.46	3.31	3.16	3.08	3.00	2.92	2.83	2.75	2.65
18	8.29	6.01	5.09	4.58	4.25	4.01	3.84	3.71	3.60	3.51	3.37	3.23	3.08	3.00	2.92	2.84	2.75	2.66	2.57
19	8.18	5.93	5.01	4.50	4.17	3.94	3.77	3.63	3.52	3.43	3.30	3.15	3.00	2.92	2.84	2.76	2.67	2.58	2.49
20	8.10	5.85	4.94	4.43	4.10	3.87	3.70	3.56	3.46	3.37	3.23	3.09	2.94	2.86	2.78	2.69	2.61	2.52	2.42
21	8.02	5.78	4.87	4.37	4.04	3.81	3.64	3.51	3.40	3.31	3.17	3.03	2.88	2.80	2.72	2.64	2.55	2.46	2.36
22	7.95	5.72	4.82	4.31	3.99	3.76	3.59	3.45	3.35	3.26	3.12	2.98	2.83	2.75	2.67	2.58	2.50	2.40	2.31
23	7.88	5.66	4.76	4.26	3.94	3.71	3.54	3.41	3.30	3.21	3.07	2.93	2.78	2.70	2.62	2.54	2.45	2.35	2.26
24	7.82	5.61	4.72	4.22	3.90	3.67	3.50	3.36	3.26	3.17	3.03	2.89	2.74	2.66	2.58	2.49	2.40	2.31	2.21
25	7.77	5.57	4.68	4.18	3.85	3.63	3.46	3.32	3.22	3.13	2.99	2.85	2.70	2.62	2.54	2.45	2.36	2.27	2.17
26	7.72	5.53	4.64	4.14	3.82	3.59	3.42	3.29	3.18	3.09	2.96	2.81	2.66	2.58	2.50	2.42	2.33	2.23	2.13
27	7.68	5.49	4.60	4.11	3.78	3.56	3.39	3.26	3.15	3.06	2.93	2.78	2.63	2.55	2.47	2.38	2.29	2.20	2.10
28	7.64	5.45	4.57	4.07	3.75	3.53	3.36	3.23	3.12	3.03	2.90	2.75	2.60	2.52	2.44	2.35	2.26	2.17	2.06
29	7.60	5.42	4.54	4.04	3.73	3.50	3.33	3.20	3.09	3.00	2.87	2.73	2.57	2.49	2.41	2.33	2.23	2.14	2.03

续表

n_1 n_2	1	2	3	4	5	6	7	8	9	10	12	15	20	24	30	40	60	120	∞
30	7.56	5.39	4.51	4.02	3.70	3.47	3.30	3.17	3.07	2.98	2.84	2.70	2.55	2.47	2.39	2.30	2.21	2.11	2.01
40	7.31	5.18	4.31	3.83	3.51	3.29	3.12	2.99	2.89	2.80	2.66	2.52	2.37	2.29	2.20	2.11	2.02	1.92	1.80
60	7.08	4.98	4.13	3.65	3.34	3.12	2.95	2.82	2.72	2.63	2.50	2.35	2.20	2.12	2.03	1.94	1.84	1.73	1.60
120	6.85	4.79	3.95	3.48	3.17	2.96	2.79	2.66	2.56	2.47	2.34	2.19	2.03	1.95	1.86	1.76	1.66	1.53	1.38
∞	6.63	4.61	3.78	3.32	3.02	2.80	2.64	2.51	2.41	2.32	2.18	2.04	1.88	1.79	1.70	1.59	1.47	1.32	1.00

$(\alpha = 0.005)$

n_1 n_2	1	2	3	4	5	6	7	8	9	10	12	15	20	24	30	40	60	120	∞
1	16 210.72	19 999.50	21 614.74	22 499.58	23 055.80	23 437.11	23 714.57	23 925.41	24 091.00	24 224.49	24 426.37	24 630.21	24 835.97	24 939.57	25 043.63	25 148.15	25 253.14	25 358.57	25 500
2	198.50	199.00	199.17	199.25	199.30	199.33	199.36	199.37	199.39	199.40	199.42	199.43	199.45	199.46	199.47	199.47	199.48	199.49	200
3	55.55	49.80	47.47	46.19	45.39	44.84	44.43	44.13	43.88	43.69	43.39	43.08	42.78	42.62	42.47	42.31	42.15	41.99	41.8
4	31.33	26.28	24.26	23.15	22.46	21.97	21.62	21.35	21.14	20.97	20.70	20.44	20.17	20.03	19.89	19.75	19.61	19.47	19.3
5	22.78	18.31	16.53	15.56	14.94	14.51	14.20	13.96	13.77	13.62	13.38	13.15	12.90	12.78	12.66	12.53	12.40	12.27	12.1
6	18.63	14.54	12.92	12.03	11.46	11.07	10.79	10.57	10.39	10.25	10.03	9.81	9.59	9.47	9.36	9.24	9.12	9.00	8.88
7	16.24	12.40	10.88	10.05	9.52	9.16	8.89	8.68	8.51	8.38	8.18	7.97	7.75	7.64	7.53	7.42	7.31	7.19	7.08
8	14.69	11.04	9.60	8.81	8.30	7.95	7.69	7.50	7.34	7.21	7.01	6.81	6.61	6.50	6.40	6.29	6.18	6.06	5.95
9	13.61	10.11	8.72	7.96	7.47	7.13	6.88	6.69	6.54	6.42	6.23	6.03	5.83	5.73	5.62	5.52	5.41	5.30	5.19
10	12.83	9.43	8.08	7.34	6.87	6.54	6.30	6.12	5.97	5.85	5.66	5.47	5.27	5.17	5.07	4.97	4.86	4.75	4.64
11	12.23	8.91	7.60	6.88	6.42	6.10	5.86	5.68	5.54	5.42	5.24	5.05	4.86	4.76	4.65	4.55	4.45	4.34	4.23
12	11.75	8.51	7.23	6.52	6.07	5.76	5.52	5.35	5.20	5.09	4.91	4.72	4.53	4.43	4.33	4.23	4.12	4.01	3.90
13	11.37	8.19	6.93	6.23	5.79	5.48	5.25	5.08	4.94	4.82	4.64	4.46	4.27	4.17	4.07	3.97	3.87	3.76	3.65

续表

$n_2 \backslash n_1$	1	2	3	4	5	6	7	8	9	10	12	15	20	24	30	40	60	120	∞
14	11.06	7.92	6.68	6.00	5.56	5.26	5.03	4.86	4.72	4.60	4.43	4.25	4.06	3.96	3.86	3.76	3.66	3.55	3.44
15	10.80	7.70	6.48	5.80	5.37	5.07	4.85	4.67	4.54	4.42	4.25	4.07	3.88	3.79	3.69	3.58	3.48	3.37	3.26
16	10.58	7.51	6.30	5.64	5.21	4.91	4.69	4.52	4.38	4.27	4.10	3.92	3.73	3.64	3.54	3.44	3.33	3.22	3.11
17	10.38	7.35	6.16	5.50	5.07	4.78	4.56	4.39	4.25	4.14	3.97	3.79	3.61	3.51	3.41	3.31	3.21	3.10	2.98
18	10.22	7.21	6.03	5.37	4.96	4.66	4.44	4.28	4.14	4.03	3.86	3.68	3.50	3.40	3.30	3.20	3.10	2.99	2.87
19	10.07	7.09	5.92	5.27	4.85	4.56	4.34	4.18	4.04	3.93	3.76	3.59	3.40	3.31	3.21	3.11	3.00	2.89	2.78
20	9.94	6.99	5.82	5.17	4.76	4.47	4.26	4.09	3.96	3.85	3.68	3.50	3.32	3.22	3.12	3.02	2.92	2.81	2.69
21	9.83	6.89	5.73	5.09	4.68	4.39	4.18	4.01	3.88	3.77	3.60	3.43	3.24	3.15	3.05	2.95	2.84	2.73	2.61
22	9.73	6.81	5.65	5.02	4.61	4.32	4.11	3.94	3.81	3.70	3.54	3.36	3.18	3.08	2.98	2.88	2.77	2.66	2.55
23	9.63	6.73	5.58	4.95	4.54	4.26	4.05	3.88	3.75	3.64	3.47	3.30	3.12	3.02	2.92	2.82	2.71	2.60	2.48
24	9.55	6.66	5.52	4.89	4.49	4.20	3.99	3.83	3.69	3.59	3.42	3.25	3.06	2.97	2.87	2.77	2.66	2.55	2.43
25	9.48	6.60	5.46	4.84	4.43	4.15	3.94	3.78	3.64	3.54	3.37	3.20	3.01	2.92	2.82	2.72	2.61	2.50	2.38
26	9.41	6.54	5.41	4.79	4.38	4.10	3.89	3.73	3.60	3.49	3.33	3.15	2.97	2.87	2.77	2.67	2.56	2.45	2.33
27	9.34	6.49	5.36	4.74	4.34	4.06	3.85	3.69	3.56	3.45	3.28	3.11	2.93	2.83	2.73	2.63	2.52	2.41	2.29
28	9.28	6.44	5.32	4.70	4.30	4.02	3.81	3.65	3.52	3.41	3.25	3.07	2.89	2.79	2.69	2.59	2.48	2.37	2.25
29	9.23	6.40	5.28	4.66	4.26	3.98	3.77	3.61	3.48	3.38	3.21	3.04	2.86	2.76	2.66	2.56	2.45	2.33	2.21
30	9.18	6.35	5.24	4.62	4.23	3.95	3.74	3.58	3.45	3.34	3.18	3.01	2.82	2.73	2.63	2.52	2.42	2.30	2.18
40	8.83	6.07	4.98	4.37	3.99	3.71	3.51	3.35	3.22	3.12	2.95	2.78	2.60	2.50	2.40	2.30	2.18	2.06	1.93
60	8.49	5.79	4.73	4.14	3.76	3.49	3.29	3.13	3.01	2.90	2.74	2.57	2.39	2.29	2.19	2.08	1.96	1.83	1.69
120	8.18	5.54	4.50	3.92	3.55	3.28	3.09	2.93	2.81	2.71	2.54	2.37	2.19	2.09	1.98	1.87	1.75	1.61	1.43
∞	7.88	5.30	4.28	3.72	3.35	3.09	2.90	2.74	2.62	2.52	2.36	2.19	2.00	1.90	1.79	1.67	1.53	1.36	1.00

参考文献

[1] JTJ/T234—2001 波浪模型试验规程[S]. 北京:人民交通出版社股份有限公司,2001.

[2] JTS145—2015 港口与航道水文规范[S]. 北京:人民交通出版社股份有限公司,2015.

[3] JTS154—2018 防波堤与护岸设计规范[S]. 北京:人民交通出版社股份有限公司,2018.

[4] JTS167—2018 码头结构设计规范[S]. 北京:人民交通出版社股份有限公司,2018.

[5] 蔡守允,刘兆衡,张晓红,贾宁一,封志明.水利工程模型试验量测技术[M]. 北京:海洋出版社,2008.

[6] 董胜,李雪,纪巧玲.防波堤工程结构设计[M]. 青岛:中国海洋大学出版社,2019.

[7] 左其华.水波相似与模拟[M]. 北京:海洋出版社,2006.

[8] 戈龙仔,孟祥玮,刘针,姜云鹏,孙百顺.港口工程波浪-结构-地基耦合作用破坏机理研究大比尺模型试验技术手册[M]. 北京:人民交通出版社股份有限公司,2020.

[9] 董胜,张华昌,宁萌,初新杰.海岸工程模型试验[M]. 青岛:中国海洋大学出版社,2017.

[10] 黄伦超,许光祥.水工与河工模型试验[M]. 郑州:黄河水利出版社,2008.

[11] 程永舟,江诗群,周一平,黄伦超.水利工程流体实验教程[M]. 北京:人民交通出版社,2009.

[12] 尚全夫,崔莉,王庆国.水力学实验教程[M]. 大连:大连理工大学出版

社,2007.

[13] 河海大学.一种波浪物理模型试验越浪量测量装置:中国,205067054[P],
2016-03-02.

[14] 浙江省水利河口研究院.一种越浪量实时测量装置:中国,207622820[P],
2018-07-17.

[15] 交通运输部天津水运工程科学研究所.越浪量及越浪过程自动测量仪:中
国,207662597[P],2018-07-27.

[16] 河海大学.一种单波越浪量测量装置:中国,205404079[P],2016-07-27.

[17] 交通运输部天津水运工程科学研究所.试验室水槽试验海堤堤顶越浪量自
动测量装置:中国,206667166[P],2017-11-04.

[18] 江苏科技大学.一种基于液压传感器的越浪量测量装置及方法:中国,
106768848[P],2019-02-06.